기근 풍요 도덕

FAMINE, AFFLUENCE, AND MORALITY, FIRST EDITION
© Peter Singer 2016

FAMINE, AFFLUENCE, AND MORALITY, FIRST EDITION was originally published in English in 2016. This translation is published by arrangement with Oxford University Press. Purun communication is solely responsible for this translation from the original work and Oxford University Press shall have no liability for any errors, omissions or inaccuracies or ambiguities in such translation or for any losses caused by reliance thereon.

Korean translation copyright © 2024 by Purun communication
Korean translation rights arranged with Oxford University Press through EYA Co., Ltd.

이 책의 한국어판 저작권은 EYA(에릭양 에이전시)를 통해 Oxford University Press 사와 독점계약한 푸른커뮤니케이션에 있습니다. 저작권법에 의하여 한국 내에서 보호를 받는 저작물이므로 무단전재 및 복제를 금합니다.

FAMINE
기근 풍요 도덕
AFFLUENCE
and
MORALITY

피터 싱어

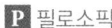
필로소픽

차례

◇ ◇ ◇

서문
— 빌·멀린다 게이츠
7

머리말
9

기근, 풍요, 도덕
35

세계 빈곤에 대한 피터 싱어의 해결책
73

억만장자는 무엇을 해야 하고
당신은 무엇을 해야 하는가
95

감사의 글
134

역자 후기
137

◇ ◇ ◇

일러두기

1. 원저자의 주석은 번호로, 옮긴이의 주석은 기호로 표시했다.
2. 본문 중 '〔 〕'에 묶인 부분은 옮긴이가 독자의 이해를 위해 추가한 내용이다.

서문

— 빌·멀린다 게이츠 (빌앤드멀린다게이츠재단 공동 창립자)

피터 싱어가 〈기근, 풍요, 도덕〉을 쓴 뒤로 40여 년이 흐르는 동안 세상은 극적으로 발전했습니다. 오늘날 극심한 빈곤 속에서 사는 인구의 비율은 그때의 절반에도 미치지 않으며, 다섯 살 생일 이전에 사망하는 아동의 비율은 그보다 더 급감했습니다. 1960년에는 전 세계 어린이 중 거의 20퍼센트가 다섯 번째 생일이 되기 전에 사망했습니다. 1990년에는 10퍼센트 정도였으나 지금은 5퍼센트에 가까워졌습니다.

하지만 5퍼센트는 여전히 너무 많습니다. 매년 약 630만 명이나 되는 어린이가 죽는다는 뜻이니까요.† 이러한 죽음의 대부분은 설사, 폐렴, 말라리아와 같이 우리가 예방하거나 치료하는 방법을 알고 있는 질병으로 인한 것입니다. 그래도 어린이 사망자 수가 감소한 것은 고무적인 일입니다. 이는 원조가 효과가 있음을 보여주며 해외 원조가 아무런 도움이 되지 않는다는 해로운 신화를 반박합니다.

싱어의 글은 우리가 함께 노력하면 매우 나쁜 일들이 일어나지 않도록 예방할 수 있다고 주장합니다. 이를테면 어린이들의 죽음 같은 것들을 말이죠. 이 주장을 뒷받침하는 증거는 1972년보다 지금 훨씬 더 강력합니다. 다행히도 점점 더 많은 사람이 이러한 사실을 깨닫고 있으며, 더 많은 사람이 행동에 나서고 있습니다. 싱어의 논문이 처음 발표되었을 당시에는 시대를 앞서갔다고 여겨졌을 수 있습니다. 하지만 이제 때가 된 것 같습니다.

---

† 이 수치는 출생아 1천 명당 5세 미만 아동 사망자 수를 의미하는 5세 미만 사망률under-five mortality rate을 기반으로 하고 있다. 이를 통해 추산한 결과, 1990년에는 약 1270만 명의 어린이가 5세 생일을 맞이하기 전에 사망했으며, 2013년에는 그 수가 약 630만 명으로 줄어들었고, 2018년에는 약 530만 명, 2022년에는 약 490만 명으로 감소했다.

머리말

〈기근, 풍요, 도덕〉은 당시 동파키스탄이었던 지역에서 군사적 탄압으로 발생한 난민 위기가 절정에 달했을 때 작성되었습니다.† 900만 명의 사람들이 국경을 넘어 인도로 피난했고, 살아남기 위해 난민 캠프에서 고군분투했습니다. 지금 돌아보면 이 위기는 방글라데시가 독립 국가로 부상하는 데 중요한 과정이

---

† 1947년 인도와 파키스탄이 영국으로부터 독립할 당시 파키스탄은 인도를 사이에 두고 동파키스탄과 서파키스탄으로 분리되어 있었다. 종교만 같을 뿐 인종, 언어, 생활 방식이 모두 달랐던 두 지역은 1970년 동파키스탄을 강타한 사이클론에 대한 미흡한 대처와 서파키스탄의 권력 독점으로 갈등이 심화되었다. 동파키스탄이 독립을 시도하자 서파키스탄 정권은 무력으로 진압하였다. 많은 동파키스탄인이 인도로 피신해 난민이 되었다. 결국 인도 정부의 개입으로 서파키스탄군이 항복했고 1971년 12월 동파키스탄은 방글라데시로 독립했다.

었음을 알 수 있지만, 당시에는 그런 다행스러운 결과가 나올 가능성은 희박해 보였고, 엄청난 수의 사람들이 위급한 상황에 처해 있다는 것은 분명했습니다. 나는 이 심각한 비상사태를 출발점으로 삼아, 부유한 나라의 사람들이 세계의 훨씬 더 가난한 지역에서 큰 어려움에 처해 있는 사람들을 돕기 위해 더 많은 것을 해야 한다는 주장을 펼쳤습니다. 그런데 이 주장은 매우 일반적으로 적용될 수 있고, 이 주장이 제기하는 도전은 1971년과 마찬가지로 우리가 오늘날에도 여전히 당면하고 있는 과제입니다.

당시 윤리학과 정치철학은 흥미진진한 새로운 전환을 목전에 두고 있었습니다. 그 이전 25년 동안 도덕철학은 '선$_{good}$'과 '당위$_{ought}$'와 같은 도덕적 용어의 의미를 분석하는 데 집중해 왔기에, 우리가 어떻게 살아야 하는지에 대한 실질적인 질문에는 아무런 함의가 없는 것으로 간주되었습니다. 앨프리드 에이어A. J. Ayer는 도덕철학자들에게 지침을 구하는 것은 실수라고 썼고, 피터 라슬릿Peter Laslett은 "아무튼 지금으로서는 정치철학은 죽었다."라는 자주 인용되는 문장으로 광범위하게 퍼진 견해를 요약한 것 같습니다.[1] 그 "지금"은 1960년대 학생 운동이 시민권, 인종 차별, 베트남 전쟁, 시민 불복종 등 당대의 주요 이슈와 관련된 강좌 개설을 요구할 때까지 계속되었습니다.[†] 그러자 몇몇 철학자들은 이전 시대에도 자신들의 전통이 이러한 주제에 대해 많은 이야기를 해왔다는 사실을 떠올렸습니다. 새로운 저널 《철학과 공공 문제Philosophy & Public Affairs》의 창간이 발표되었고, 그 목적을 밝히는 "취지문"은 공적 관심사에 대한 철

---

[1] 앨프리드 에이어, 〈도덕 판단 분석The Analysis of Moral Judgment〉, 《철학적 에세이Philosophical Essays》(런던: 맥밀란, 1954). 〈기근, 풍요, 도덕〉을 쓸 무렵 나는 도덕철학 및 윤리학에 대한 이러한 관점을 비판하는 짧은 글을 '도덕 전문가들Moral Experts'이라는 제목으로 (분석철학과 관련된 짧고 간결한 논문을 다루는 학술지)《분석Analysis》32권(1972: 115-117쪽)에 썼다. 피터 라슬릿의 발언은 그가 편집한 책《철학, 정치, 사회Philosophy, Politics and Society》(옥스퍼드: 블랙웰, 1956)의 서문에서 인용한 것이다.

[†] 1960년대 미국에서는 흑인에게 투표권을 보장하고 인종분리 정책에 맞서기 위한 흑인 인권 운동이 활발히 전개되었고, 이러한 움직임은 대학가에도 큰 영향을 미쳐 기존 체제에 저항하는 학생 운동으로 이어졌다. 대학생들은 빈곤층과 억압받는 사람들을 옹호하며 언론의 자유와 참여 민주주의를 주장하였고, 1965년 미국이 베트남 전쟁에 파병하면서 학생 운동은 대규모 평화 운동으로 확산되었다.

학적 검토가 "그 문제를 명확히 하고 해결하는 데 기여할 수 있다."고 선언했습니다. (이렇게 조심스럽게 표현된 선언문이 급진적인 것으로 여겨질 수 있었다는 것을 오늘날에는 믿기 어렵습니다.) 이렇게 해서 오늘날 '실천'윤리학 또는 '응용'윤리학으로 알려진 분야가 시작 혹은 부활했습니다.

곧 창간될 저널이 논문 투고를 받기 시작했을 때, 나는 옥스퍼드대학교를 갓 졸업하고, 첫 학자 생활을 막 시작하고 있었습니다. 나는 이미 호주에서 학부생 시절부터 임신중절법 개정 운동과 베트남 전쟁 반대 운동에 참여했었습니다. 옥스퍼드대학교에서는 민주주의 국가에서 법을 준수할 의무의 근거에 대하여 논문을 썼습니다.[2] 아내와 나는 수입의 10퍼센트를 옥스팜Oxfam에 기부하고 있었고, 동물이 고기가 되기 전에 어떻게 취급받는지 알게 된 후에는 채식주의자가 되었습니다.[3] 나는 내 삶에서 직면한 중

---

2 이 논문은 내 첫 번째 책인《민주주의와 불복종Democracy and Disobedience》(옥스퍼드: 옥스퍼드대학출판부, 1973)의 토대가 되었다.

3 나는 두 번째 책인《동물 해방Animal Liberation》(뉴욕: 뉴욕리뷰/

요한 윤리적 질문들을 철학적인 방식으로 꼭 다뤄보고 싶었습니다. 《철학과 공공 문제》의 창간은 그렇게 할 완벽한 기회를 제공했습니다. 1972년 봄, 〈기근, 풍요, 도덕〉은 창간 첫 권의 세 번째 호에 실렸습니다.

이 논문은 곧 윤리학 과목의 필수 자료가 되었습니다. 이 논문이 실린 선집만 최소 50종에 이릅니다. 매년 여러 나라에서 수천 명의 학부생과 고등학생이 이 논문을 읽습니다. 그러나 최근까지만 해도 이 책은 학생들이 윤리적으로 살고 있는지 고민하게 하기보다는, 지적 문제를 푸는 데 더 자주 사용되었습니다. 교수들은 "논증은 건전해[†] 보이지만 결론은 실현 불가능한 것을 요구하고 있는 글이 있다. 이 논증에서 오류를 찾아보라."라고 말하며 이 논문을 소개했습니다. 그러나 지난 10년 동안 점점 더 많은 학생들이, 그리고 적어도 몇몇 교수들이 다른 입장을 취했습니다. 그들은 이 논증에서 아무런 결함을 발견

랜덤하우스, 1975)에서 이 주장을 제시하였다. 〔이 책은 김성한 역, 《동물 해방》, 연암서가, 2012로 번역됨.〕

[†] 건전한sound 논증은 논증의 구조가 타당할valid 뿐만 아니라 논증을 구성하는 모든 전제가 참일 것을 요구한다.

하지 못했고 그 윤리적 함의를 탐구하는 데 열심이었습니다.[4] 효율적 이타주의effective altruism[†]로 알려진 이 새로운 운동에는 이 논문이나 이 책에 실린 다른 글에서 영향을 받아 자신의 삶을 바꾼 많은 사람이 참여하고 있습니다.[5] 다음은 몇 가지 예시입니다.

---

4 조슈아 그린은 2015년 4월 하버드대학교에서 진행한 강연에 앞서 '하버드 효율적 이타주의Harvard Effective Altruism' 모임을 대표하여 나를 소개하면서 이 논문에 대한 접근 방식의 변화를 설명했다. 하버드대학교의 학부생이었던 그린은 자신을 가르쳤던 교수가 이 논문에 대해 취한 접근 방식과 강연을 주최한 학생 및 강연을 듣기 위하여 대형 강의실을 가득 메운 사람들의 접근 방식을 대조했다.

† 효율적 이타주의는 합리적 이성에 따라 선행의 효과를 극대화할 것을 지향하는 이론이다. 이 이론을 따르는 사람은 자신의 시간이나 자원을 가장 많은 선을 실현할 수 있는 곳에 기부하려 한다. 예를 들어, 지역사회의 문화예술진흥사업에 기부하기보다는 최빈국의 기근 구제사업에 기부하기를 선택한다. 이에 관해서는 피터 싱어의 《효율적 이타주의자》를 참조.

5 피터 싱어, 《당신이 할 수 있는 가장 좋은 일The Most Good You Can Do》(뉴헤이븐: 예일대학출판부, 2015)과 윌리엄 매캐스킬William MacAskill, 《좋은 일을 더 잘하기Doing Good Better》(뉴욕: 고담북스, 2015) 참조. 〔앞의 책은 이재경 역, 《효율적 이타주의자》, 21세기북스, 2016으로 번역되었고, 뒤의 책은 전미영 역, 《냉정한 이타주의자》, 부키, 2017로 번역됨.〕

- 토비 오드Toby Ord는 철학과 학생이었을 때 이 글을 읽었습니다. 이후 그는 기빙왓위캔Giving What We Can을 설립해, 사람들이 은퇴할 때까지 세전 소득의 10퍼센트를 가장 좋은 일을 할 거라고 믿는 자선단체에 기부할 것을 서약하도록 장려했습니다. 내가 이 머리말을 쓸 시점에 기빙왓위캔의 회원들은 800만 파운드 이상을 기부했으며, 이들은 평생 약 4억 5700만 파운드를 기부하기로 이미 서약했습니다.

- 크리스 크로이Chris Croy는 미주리주 메라멕Meramec에 있는 세인트루이스 커뮤니티 칼리지의 수업에서 〈기근, 풍요, 도덕〉을 읽게 되었습니다. 이 수업에서는 철학자 존 아서John Arthur의 반대 논문도 읽었습니다. 아서는 그 논문에서, 나의 주장이 건전하다면 신장 같은 신체 일부를 기증하여 다른 사람을 도와야 한다는 결론이 도출되는데, 이것이 옳을 수 없다고 주장했습니다. 아서는 기부가 더 많은 선을 가져온다는 사실만으로는 기부를 해야 한다는 당위를 입증하는 데 충분치 않다고 생각했

습니다. 크로이가 볼 때 아서의 논문은 극빈층에게 기부하는 것에 반대하는 것이 아니라, 신장을 기증해야 한다는 논증이었습니다. 그는 깊이 생각하고 친구와 상의한 후 지역 병원에 전화를 걸어 자신의 신장 중 하나를 모르는 사람에게 기증했습니다. (그 사람은 가난한 아이들이 많이 다니는 학교에서 일하는 43세의 교사로 밝혀졌습니다.)

- 스웨덴의 작곡가 구스타브 알렉산드리Gustav Alexandrie는 내 글에 영향을 받아 세계 극빈층을 돕는 단체에 기부했습니다. 그는 자신이 중요하게 생각하는 아이디어를 널리 알리고 싶었고, 이를 위해 자신의 특별한 전문성을 활용하기로 했습니다. 그는 내 글의 핵심적인 비유인 얕은 연못에 빠진 아이에 대한 합창곡을 작곡했습니다. 얀 리스버그Jan Risberg가 지휘하는 쇠드라라틴챔버합창단Södra Latin Chamber Choir이 2014년에 스톡홀름에서 알렉산드리가 쓴 곡을 초연했습니다.

- 딘 스피어스Dean Spears는 2013년에 경제학 박사

학위를 받았습니다. 그는 몇 년 전 프린스턴대학교에서 박사 학위를 밟고 있던 아내 다이앤 코피Diane Coffey와 함께 인도에서 연민경제학연구소Research Institute for Compassionate Economics; r.i.c.e.(www.riceinstitute.org)라는 단체를 설립했습니다. 졸업 후 딘은 연구소 일을 전업으로 삼았습니다. 그가 나에게 보낸 이메일에서 밝힌 바에 따르면, 그의 결정은 "주로 〈기근, 풍요, 도덕〉으로부터 시작된 과정 때문"이었다고 합니다. 그러나 그 글의 주장을 더욱 강화한 것은 가난한 사람들을 위한 봉사의 길을 걸어 온 다이앤의 오랜 헌신이었습니다. 딘과 다이앤은 현재 인도에 거주하면서 노상 배변 문제에 집중하고 있습니다. 이는 어린아이의 건강에 매우 심각한 영향을 미치고 그들의 성인기 삶에 어두운 그림자를 드리울 수 있는 문제임에도, 아마도 논의하기에는 민망해서일 테지만, 지나치게 방치되어 왔습니다. 물론 나는 내 글이 딘과 다이앤이 이렇게 중요한 일을 하게 된 계기가 되어 기쁩니다. 하지만 딘의 편지에서 가장 마음에 들었던 부분은 편지 말미에서 다음과 같이 말한 부분입니다. "우리는 결혼식에서 연못 이야기를 낭독했습니다."

- 2015년 1월 이 머리말을 쓰고 있을 때, 나는 스웨덴 웁살라대학교의 학부생인 다비드 베르나르드 David Bernard로부터, 새로 결성된 단체인 '효율적 이타주의 웁살라 Effective Altruism Upsala'가 주최하는 모임에서 강연을 해달라는 이메일을 받았습니다. 그리고 다비드는 개인적인 메모를 덧붙였습니다. "〈기근, 풍요, 도덕〉은 효율적 이타주의를 찾는 제 여정의 첫걸음이었습니다. (…) 당신의 글은 막연한 선행의 열망을 구체적인 행동으로 실천하는 데 큰 도움이 되었으며, 제 삶에 더욱 깊은 의미를 부여해 주었습니다."

이제 당신이 〈기근, 풍요, 도덕〉을 읽을 차례입니다. 이 글은 아마 여러분의 삶도 바꿀 것입니다. 이 글이 설득력 있다고 여겨진다면, 이 글의 핵심적인 생각을 확산하는 데 어떻게 도움을 줄 수 있을지 생각해 보십시오.

◇ ◇ ◇

〈기근, 풍요, 도덕〉은 반박과 반론을 충분히, 어쩌면 충분한 수준보다 더 많이 받았습니다. 이 논문은 우리 중 극소수만이 완전히 윤리적인 삶을 살고 있다는 불편한 결론으로 이어지기 때문입니다. 여기에 수정이 필요한 한 가지 사항이 있는데, 바로 자선 단체에 기부하여 한 생명을 구하는 데 드는 예상 비용에 관련된 것입니다. 연못에 빠진 아이를 구하는 것과 빈곤과 관련된 원인으로 죽어 가는 개발도상국 어린이의 생명을 구하는 것 사이의 비유는, 진흙투성이가 된 옷을 〔새 옷으로〕 교체하는 비용으로 한 생명을 구할 수 있다는 것을 의미합니다. 이 책에 재수록된 두 번째 글 〈세계 빈곤에 대한 피터 싱어의 해결책The Singer Solution to World Poverty〉에서 나는 200달러로 한 생명을 구할 수 있다는 피터 엉거Peter Unger의 대략적인 계산을 언급했습니다. 다른 글들에서도, 그중 이 책에 재수록된 〈억만장자는 무엇을 해야 하고 당신은 무엇을 해야 하는가What Should A Billionaire Give—And What Should You?〉에서도, 아이를 구하기 위해 연못에 뛰어

들어 신발이 망가졌을 때 그 비싼 신발 한 켤레 값으로 한 아이의 생명을 구할 수 있다고 가정했습니다.

〈기근, 풍요, 도덕〉이 출간된 이후 자선 분야에서 매우 반가운 발전 중 하나는, 오늘날 전 세계 빈곤층을 돕고자 하는 자선 단체가 실제로 달성한 성과를 평가하는 데 훨씬 더 중점을 두고 있다는 점입니다. 특정 자선 단체의 효율성에 관하여 많은 연구가 진행되어 사람들이 더 나은 자선 단체를 선택할 수 있게 되었고, 따라서 사람들이 기부한 돈으로 더 많은 선한 일을 할 수 있게 되었습니다. 이러한 연구는 한 생명을 구하는 데 드는 비용에 대한 초기 추정치가, 모든 관련 비용을 포함하지 않았다거나 혹은 말라리아로부터 사람들을 보호하기 위해 모기장을 제공하는 것 같은 형태의 원조가 실제로 얼마나 자주 생명을 구했는지에 대한 부정확한 추정에 근거했다는 것을 보여주었습니다.[6] 자선단체의 비용 효율성을 엄격하

---

6 이러한 근거로 연못 비유를 비판한 것으로는 조너 시닉Jonah Sinick, 〈피터 싱어의 연못 속 아이 논증에 대한 몇몇 의구심Some Reservations About Singer's Child-in-the-Pond Argument〉이 있다. http://lesswrong.com/lw/hr5/some_reservations

게 평가하는 데 앞장서 온 기브웰GiveWell은, 말라리아 퇴치재단Against Malaria Foundation이 모기장을 준비해 아프리카 말라리아 취약 지역의 한 가정에 전달하는 데 드는 비용은 7.50달러를 넘지 않지만, 이러한 배포의 결과로 한 생명을 구하는 데 드는 총비용은 3340달러라고 추산합니다. 이 차이는 대부분의 모기장이 생명을 구하지는 못한다는 사실을 반영합니다. (일부 모기장은 쇠약하게 만들기는 하지만 치명적이지는 않은 말라리아나, 모기가 옮기는 다른 질병도 예방하긴 하지만 말입니다.) 일반적으로 기브웰은 한 생명을 구하는 데 드는 비용이 5천 달러 미만이면 자선 단체의 비용 대비 효과가 높은 것으로 간주합니다.[7] 대부분의 사람에게 이 액수는 가장 비싼 정장이나 신발 한 켤레를

_about_singers_childinthepond/에서 글을 볼 수 있다.

[7] http://www.givewell.org/International/top-charities/amf. 기브웰은 한 생명을 살리는 데 5천 달러 미만이면 가성비가 좋은 것으로 간주한다. 하지만 또한 단체가 이러한 추정치를 너무 문자 그대로 받아들이지 않도록 주의를 당부하고 있다. http://www.givewell.org/international/technical/criteria/costeffectiveness에서 자세한 내용을 볼 수 있다.

사는 것보다 훨씬 더 높기 때문에, 빈곤과 관련된 이유로 위험에 처한 어린이의 생명을 구하기 위해 지출해야 하는 비용과 그 비용을 비교한 것은 실수였습니다. 하지만 풍요로운 국가의 중산층 이상에 속하는 대부분의 사람들이 생명을 구하는 것과 비교할 수 없을 정도로 도덕적으로 중요하지 않은 품목에 5천 달러 이상을 지출하는 것은 사실입니다. 게다가 엉거가 밥Bob과 부가티의 이야기로 보여주었듯이,† 우리 앞에 있는 아이를 구할 수 있는 상황에서 우리의 직관적 판단은 우리가 옷값을 훨씬 넘는, 심지어 5천 달러 이상의 재산이라도 기꺼이 희생할 수 있어야 한다는 것입니다. 나는 이를 〈세계 빈곤에 대한 피터 싱어의 해결책〉에서 다시 이야기했습니다. 따라서 한 생명을 구하는 데 드는 비용의 변화는 〈기근, 풍요, 도덕〉

---

† 엉거가 제기하는 가상의 딜레마는 다음과 같다. 밥은 폭주하는 열차가 달려오는 것을 목격하고, 선로 끝에 어린아이가 있는 것을 발견한다. 그는 선로전환기를 눌러 열차를 자신의 소중한 부가티 자동차가 주차된 측선으로 우회시켜 아이를 구할 수 있다. 이때 밥은 한 생명을 구하기 위해 자신의 소중한 자산을 희생할 것인지, 아니면 자산을 지키기 위해 타인의 생명을 외면할 것인지를 선택해야 한다.

의 근본적인 도덕적 논증을 약화시키지 않습니다.

다른 반론들에 관해서는 《뉴욕타임스》의 두 기사에서 답변했으며, 그것은 이 책의 후반부에 실려 있습니다. 더 자세한 답변은 《실천윤리학》과 《당신이 살릴 수 있는 생명》에서 찾을 수 있습니다. 다른 사람들도 원래의 주장을 옹호했으며, 실제로 이 주제에 대한 상당한 학술 문헌들이 있습니다.[8] 하지만 여

---

8 피터 싱어, 《실천윤리학Practical Ethics》 3판(케임브리지: 케임브리지대학출판부, 2011); 피터 싱어, 《당신이 살릴 수 있는 생명The Life You Can Save》(뉴욕: 랜덤하우스, 2009). 〔앞의 책은 황경식/김성동 역, 《실천윤리학》, 연암서가, 2013으로 번역되었고, 뒤의 책은 함규진 역, 《물에 빠진 아이 구하기》, 산책자, 2009로 번역됨.〕 〈기근, 풍요, 도덕〉의 주장에 대한 최신 학술 문헌을 찾고자 하는 사람들에게는 다음과 같은 좋은 출발점이 있다. 퍼트리샤 일링워스Patricia Illingworth, 토머스 포기Thomas Pogge, 레이프 위나Leif Wenar 편집, 《잘 주기: 자선 활동의 윤리Giving Well: The Ethics of Philanthropy》(옥스퍼드: 옥스퍼드대학출판부, 2010)〔이 책은 유강은 역, 《기빙웰: 잘 받고 잘 주는 나눔의 윤리》, 이매진, 2017로 번역됨〕에서 특히 엘리자베스 애시퍼드, 〈극빈자를 돕기 위한 정의와 선행의 의무Obligations of Justice and Beneficence to Aid the Severely Poor〉, 26 – 45쪽〔한국어 번역본은 48-75쪽〕과 레이프 위나, 〈가난은 연못이 아니다: 부유한 사람들의 과제Poverty Is No Pond: Challenges for the Affluent〉, 104 – 32쪽〔한국어 번역본은 160-203쪽〕 참조. 위나의 논문에 대한 답변은 세런 퍼머Theron Pummer, 〈위험한

기서 이 논쟁을 더 깊이 다루기보다는, 연못 속의 아이 이야기에 우리가 왜 그렇게 반응하는지 이해하는 데 도움을 주는 최근 심리학 연구 몇 가지를 언급함으로써 논의의 폭을 넓히고자 합니다.

조슈아 그린Joshua Greene은 하버드대학교 심리학과에서 도덕인지연구실을 이끌고 있는데, 심리학을 전공하기 전에 프린스턴대학교에서 철학박사 학위를 받았기 때문에 연못 속의 아이 사례가 제기하는 과제를 잘 알고 있었습니다. 그는 가까이 있는 물에 빠진 아이를 돕지 않는 것을 비난하면서도 멀리 있는 굶주리는 아이를 구하지 않는 것을 용인하는 것이 〔정당화하기〕 어려운 문제임을 잘 알고 있었지만,† 거의 모든

기부Risky Giving〉 참조. http://blog.practicalethics.ox.ac.uk/2015/01/risky-giving/에서 볼 수 있다.

† 조슈아 그린 역시 피터 싱어의 입장을 지지하며, 가까이에 있는 물에 빠진 아이와 멀리 떨어진 곳에서 굶주리는 아이를 다르게 대하는 것은 정당화되기 어렵다고 주장한다.

사람이 직관적으로 두 가지 상황을 매우 다르게 판단한다는 사실도 알고 있었습니다. 그는 그 이유를 알고 싶었습니다.

내가 처음 예를 제시했을 때 그 두 상황에는 몇 가지 잠재적으로 중요한 차이점이 있었습니다. 연못에 빠진 아이는 가까운 곳에 있고 아마도 같은 지역사회의 구성원일 가능성이 높지만, 굶주린 아이는 멀리 떨어져 있고 외국인이라는 점입니다. 아이가 연못에 빠진 상황은 드물게 발생하는 응급 상황이지만, 전 세계 빈곤은 진행 중인 문제입니다. 연못에는 구조가 필요하며 신원이 확인된 단 한 명의 어린이가 있고, 당신은 그 어린이를 구할 수 있습니다. 반면에 빈곤과 관련된 원인으로 매년 수백만 명의 빈곤층 어린이들이 죽어 가고 있어도 당신은 이들을 모두 구할 수 없고, 도와주지 않으면 죽게 될 한 명의 특정한 어린이를 확인할 수도 없습니다. 연못 속의 아이를 구할 수 있는 사람은 당신뿐이지만, 적당히 풍요로운 사람이라면 누구나 빈곤 속의 아이들을 도울 수 있으므로 연못 속의 아이를 구해야 하는 경우와는 달리 책임이 분산됩니다. 그리고 연못의 경우에는 자신의 행동이 생명을 구할 가능성이 매우 높다는 것을 직접 확인할 수 있지만, 구호 단체에 기부할 때는 당신의 기부가 미칠 수 있는 영향에 대해 남이 수집한 정보에 의존해야 합니다. 우리가 직관적으로 다르게 판단하는 것은 어떤 요인들이 다른 요인들보다 더 크게 작용하기 때문일까요? 만약 우리가 이 질문에 답할 수 있다면 그 답은 직관적 판단을 얼마나 신뢰할 수 있는지를 말해줄지도 모릅니다.

그린은 자신의 학생인 제이 무센Jay Musen과 함께, 다양한 가상의 상황에서 사람들이 어떻게 반응하는지를 실험했습니다. 그 결과 [직관적 판단에] 가장 큰 영향을 미치는 요인은 아이와 도움을 줄 수 있는 사람 사이의 물리적 거리라는 것이 밝혀졌습니다. 한 가상의 상황에서 당신은 개발도상국에서 휴가를 보내고 있는데 그곳에 엄청난 태풍이 닥칩니다. 당신은 언덕에 있는 물자가 잘 갖춰진 오두막집에 안전하게 머물고 있지만, 오두막집에서 내려다보이는 해안가에 있는 사람들은 식량, 위생용품, 의약품이 절실하게 필요합니다. 구호 활동이 진행 중이며, 당신은 돈을 기부해 더 많은 사람들에게 구호 물품이 도달하도록 도울 수 있습니다. 이 이야기에 대해 68퍼센트의 응답자가 당신에게는 기부해야 할 도덕적 의무가 있다고 답했습니다. 다른 버전에서는 모든 것이 동일하지만 개발도상국에 있는 사람이 당신이 아니라 당신의 친구라는 점이 다릅니다. 당신은 집에 있고 컴퓨터를 하고 있는데 친구가 연락을 해옵니다. 친구가 상황을 설명하고 스마트폰을 통해 완전히 파괴된 지역과 구호 활동을 실시간 영상으로 보여주어서, 당신은 그곳에 있는 친구의 경험을 공유할 수 있습니다. 이번에도 당신은 기부를 통해 도움을 줄 수 있습니다. 온라인으로, 신용카드로 즉각 기부할 수 있습니다. 이 두 가지 가상 상황에서, 그린이 (어느 정도 정당성을 가지고) "싱어의 원래 가정에서 혼란스러운 부분"이라고 언급한 부분들이 정리되었다는 점을 유의합시다.[9] 〔재난의 현장에 있든 멀리 떨어져 있든〕 여러분이 가진 정보는 동일하고, 도움을 줄 수 있는 능력도 동일합니다. 한 명의 특정한, 아마도 지역민일 어린

---

9 〈심오한 실용주의: 조슈아 그린과의 대화 Deep Pragmatism: A Conversation with Joshua D. Greene〉, 2013년 8월 30일, http://edge.org/conversation/deep-pragmatism.

이를 구하기 위해 연못에 뛰어드는 것과 수많은 궁핍한 외국 어린이들 중 한 명을 구하기 위해 국제 구호 단체에 기부하는 것 사이에 존재하는 다른 차이점도 제거되었습니다. 하지만 두 번째 가상의 상황에서는 34퍼센트만이 당신에게 도덕적으로 도와야 할 의무가 있다고 답했습니다. 〔결국〕 물리적 거리가 차이를 만들고 있는 것 같습니다.[10]

그린은 우리가 이 문제를 생각할 때, 〔아이를 구하러 물에 들어가면〕 새 옷을 사야 한다는 걱정 때문

---

10 독일 괴팅겐대학교의 요나스 나겔Jonas Nagel과 미하엘 발트만Michael Waldmann도 물에 빠진 아이와 개발도상국의 극빈한 아이에 대한 반응의 차이를 유발하는 요인을 실험했는데, 그들은 물리적 거리보다는 정보의 직접성이 주요 요인임을 발견하면서 다른 결론에 도달했다. (나겔과 발트만, 〈도덕적 의무 판단에서 거리 효과의 혼재 요인 제거Deconfounding Distance Effects in Judgments of Moral Obligation〉, 《실험심리학저널: 학습, 기억, 인지Journal of Experimental Psychology: Learning, Memory and Cognition》 39 (2013): 237–52.) 그린의 연구는 정보의 직접성 요인을 통제했지만 여전히 거리가 상당한 차이를 만든다는 것을 발견했다. 그럼에도 그린이 지적하듯이(《도덕적 종족Moral Tribes》[뉴욕: 펭귄, 2013], 378, 261n), 그의 연구에서 도출된 (내가 다음 단락에서 설명할) 결론은 정보의 직접성이 우리의 반응에 중대한 요인이라 하더라도 여전히 유효할 것이다. 〔그린의 책은 최호영 역, 《옳고 그름》, 시공사, 2017로 번역됨.〕

에 바로 앞에서 아이가 익사하도록 내버려두는 사람의 인성을 저 멀리 떨어져 있는 아이를 돕지 않는 사람의 인성보다 더 심하게 부정적으로 판단할 수는 있지만, 물리적 거리가 옳고 그름에 도덕적 차이를 만들지는 못한다고 주장합니다. 그는 가까이 있는 아이는 구하면서도 멀리 있는 아이를 구하지 않는 것은, 우리에게 대부분의 상황에서 도덕적 직관을 결정하는 '고정된 자동 설정inflexible automatic settings'이 있기 때문이라고 말합니다. 이는 카메라에서 자동 모드와 수동 모드를 사용할 때의 차이와 같습니다. 대부분의 상황에서 자동 설정 모드point-and-shoot mode가 충분히 잘 작동하는데 굳이 초점, 조리개, 셔터 속도를 수동으로 설정할 이유가 있을까요? 대부분은 그렇게 하지 않습니다. 도덕적 추론에서도 결정에 도달하는 두 가지 가능한 방식이 있습니다. 우리는 일반적인 상황에서 신속하지만 고정된 반응을 하도록 하는 도덕적 직관을 진화시켜 왔습니다. 그리고 처음부터 해결책을 찾아낼 수 있는 일반적인 추론 능력도 가지고 있습니다. 우리는 도움이 필요한 눈앞의 아이가 혈족이거나 지속적으로 관계를 맺고 있는 사람의 자녀일 가능성이 높은 소규모 대면 사회에서 진화했기 때문에, 바로 앞에 있는 아이를 돕기를 거부하는 것은 극악무도한 일이라고 생각하게 만드는 감정적 반응을 발전시켰습니다. 그러나 우리 진화 역사의 거의 대부분 동안 우리는 우리에게서 멀리 있는 도움이 필요한 아이들을 인지하는 것조차 불가능했으며, 그들을 돕는 것은 더더욱 불가능했습니다. 그래서 우리는 멀리 있는 낯선 사람을 돕지 못하는 것에 대한 감정적 반응을 전혀 발전시키지 못했습니다. 이 사안을 고려할 때 우리는 수동 모드로 전환해 추론 능력을 사용하여 우리가 마땅히 해야 할 일이 무엇인지를 결정해야 합니다.[11]

그린의 연구를 바탕으로 내가 〈기근, 풍요, 도덕〉에서 한 일을 새롭게 볼 수 있습니다. 나는 물에 빠진 아이를 구하는 것에 대해 진화적으로 자동 설정된 우리의 반응에 호소하면서 시작했습니다. 그런 다음 '수동 모드'로 전환하여, 눈앞에서 아이가 물에 빠

---

11 조슈아 그린,《도덕적 종족》참조. 카메라 비유는 15쪽〔한국어 번역본은 28-9쪽〕에 처음 소개되어 있고 5장에서 더 자세히 설명되어 있다.

진 상황과 피할 수 있는 빈곤을 이유로 죽어 가는 먼 곳의 아이들에 관해 우리가 처한 상황의 차이가, 물에 빠진 아이를 구하는 것은 도덕적으로 의무이지만 먼 곳에 있는 아이들을 구하는 것은 선택 사항이라고 여기는 판단을 정당화하지 못한다는 것을 보여주려 했습니다. 철학적 논증으로서 이 논문은 우리에게 추론 능력을 사용하도록 요구합니다. 그리고 그런 관점에서 우리는 한쪽 상황에서는 그렇게 강하게 직관적으로 비난하면서 다른 상황에서는 그런 반응을 보이지 않는 것이 정당화되지 않는다는 점을 인정해야 합니다. 그러나 진화적 관점에서 보면, 이는 그리 놀라운 일이 아닙니다. 왜냐하면 선택된 특성은 우리의 생존과 번식의 적합성에 도움이 되는 특성이고, 멀리 있는 생면부지의 사람을 돕는 것은 그렇지 않기 때문입니다. 물론 우리의 추론 능력 자체도 진화의 산물이지만, 이를 통해 우리는 생존과 번식의 한계를 뛰어넘어 생각하고, 진화가 우리에게 물려준 도덕적 직관을 비판적으로 성찰할 수 있습니다. 따라서 두 상황 사이에 뚜렷한 도덕적 차이가 있다는 우리의 직관적 판단에 대한 진화적 설명은, 그 직관적 판단을 정당화하지 못하며[12] 오히려 도덕적 직관이 완전히 믿을 만한 것은 아니라면서 우리에게 다시 생각하라고 말합니다.

1971년에 나는 900만 명을 위협하는 특정한 인도주의적 위기를 우려했습니다. 오늘날의 목표는 극심한 빈곤과 그로 인해 매해 발생하는 600만 명 이상의 조기 사망을 줄이는 것입니다. 이는 해결할 수 없는 문제처럼 보일 수 있는데, 이러한 인식 자체가 극심한 빈곤에 맞서 진전을 이루는 데 큰 장애물입니다. 점점 더 많은 아이들이 끊임없이 연못에 빠진다면 연못에 있는 한 명의 아이를 구하는 것이 무슨 소용이 있느냐고요? 그러나 빌과 멀린다 게이츠가 서문에서 지적했듯이, 실제 상황은 그렇지 않습니다. 우리

---

12 이 주장은 카타르지나 드 라자리-라덱Katarzyna de Lazari-Radek과 피터 싱어, 《우주의 관점 The Point of View of the Universe》(옥스퍼드: 옥스퍼드대학출판부, 2014), 특히 7장에 자세히 설명되어 있다.

는 심한 빈곤을 줄이고, 개발도상국 어린이들을 죽게 만드는 주요 원인인 홍역, 말라리아, 설사와 같은 질병을 퇴치하는 데 고무적인 진전을 이루고 있습니다. 더 많은 아이들이 학교에 다니고 있으며, 그 결과 자녀 수가 줄고 자녀들을 더 잘 돌볼 수 있게 되었습니다. 극심한 빈곤을 극복하려는 관심은 그 어느 때보다 높습니다. 이처럼 많은 우수한 대학 졸업생들이 극심한 빈곤을 극복하는 가장 좋은 방법을 찾기 위해 헌신한 적은 없었습니다. 지금까지 이룬 성과에 만족할 수는 없지만, 그 성과에 힘을 얻어 앞으로 다가올 수십 년 동안 더 많은 일을 할 수 있을 거라고 충분히 기대할 수 있습니다.

기근, 풍요, 도덕

이 글은 《철학과 공공 문제》 1권 3호
(1972 봄): 229-43에 처음 게재되었다.

내가 이 글을 쓰는 1971년 11월, 동벵골〔오늘날의 방글라데시〕에서는 사람들이 식량, 주거, 의료 서비스가 부족해 죽어 가고 있습니다. 지금 그곳에서 일어나고 있는 고통과 죽음은 어떤 운명론적 의미에서 필연적인 것도 불가피한 것도 아닙니다. 끊임없는 빈곤, 사이클론, 내전으로 인해 최소 900만 명의 사람들이 궁핍한 난민이 되었습니다. 그렇지만 부유한 나라들이 그들의 고통을 아주 작은 규모로 줄일 수 있을 만큼 충분한 지원을 제공하는 것은 불가능한 일이 아닙니다. 인간의 결정과 행동은 이런 종류의 고통을 예방할 수 있습니다. 그러나 불행하게도 우리는 필요한 결정을 내리지 않았습니다. 개인 수준에서 사람들은 극소수의 예외를 제외하고는 상황에 영향을 줄 만한 방식으로 대응하지 않았습니다. 일반적으로 사람들은 구호 기금에 많은 돈을 보내지 않았고, 의회 의원들에게 정부의 원조를 늘리라고 요구하는 편지를 쓰지 않았으며, 거리에서 시위를 하거나, 상징적인 단식을 하거나, 난민들이 기본적인 필요를 충족할 수 있는 수단을 제공하는 그 어떤 일도 하지 않았습니다. 정부 차원에서는, 어떤 정부도 난민들이 며칠 이상 생존할 수 있도록 대규모로 지원한 적이 없었습니다. 예를 들어 영국은 대부분의 국가보다 훨씬 더 많은 지원을 했습니다. 그 금액은 지금까지 1475만 파운드에 달합니다. 비교하기 위한 목적으로 말하자면, 영국이 프랑스와 공동으로 진행한 콩코드 프로젝트에 투자한 회수 불가능한 개발비가 이미 2억 7500만 파운드를 넘어섰고, 현재 추산으로는 4억 4천만 파운드에 이를 것으로 보입니다. 영국 정부가 초음속 여객기의 가치를 900만 난민의 생명보다 30배 이상 높게 평가한다는 뜻입니다. 호주는 1인당 기준으로 보면 '벵골 원조' 순위표에서 상위에 있는 또 다른 국가입니다. 그러나 호주의 원조 금액은 시드니에 새로운 오페라 하우스를 짓는 데 들어간 비용의 12분의 1에도 미치지 못합니다.〔여러 국가 및 기구 등) 모든 자금원에서 나온 총 원조 금액은 현재 약 6500만 파운드입니다. 난민이 한 해 동안 생존하는 데 드는 예상 비용은 4억 6400만 파운드입니다. 대부분의 난민은 현재 여섯 달 넘게 캠프에 머물고 있습니다. 세계은행은 인도가 연말까지 다른 나라로부터 최소 3억 파운드는 지원받을 필요가 있다고 밝혔습니다. 〔하지만〕 그런 규모의 지원이 이루어지지 않으리라는 것은 분명해 보입니다. 인도는 난민을 굶주리게 할 것인지 자국의 개발 계획에서 자금을 전용할 것인지 선택할 수밖에 없을 텐데, 이는 앞으로 더 많은 인도 국민이 굶주리게 될 것을 의미합니다.[1]

이것이 벵골의 현재 상황에 관한 기본적인 사실입니다. 우리의 논의와 관련해서는, 여기서 그 규모를 제외하고는 특별한 점이 없습니다. 벵골의 비상

---

[1] 세 번째 가능성도 있었다. 인도가 전쟁을 일으켜 난민들이 자신들의 땅으로 돌아갈 수 있도록 하는 것이었다. 내가 이 글을 쓴 이후 인도는 이 길을 택했다. 상황은 이제 위에서 내가 설명한 것과 같지 않지만, 다음 단락에서 알 수 있듯이 이는 내 논증에 영향을 미치지 않는다.

사태는 자연적, 인위적 원인으로 인해 세계 여러 지역에서 발생한 일련의 주요 비상사태 중 가장 최근의 일이자 가장 심각한 경우입니다. 또한 세계에는 특별한 비상사태와 무관하게 식량 부족과 영양실조로 사람들이 죽는 지역도 많습니다. 내가 벵골을 예로 드는 이유는 단지 이곳이 현재의 관심사이기 때문이며, 문제의 규모가 커서 대중에게 충분히 알려져 있기 때문입니다. 개인이나 정부 모두 그곳에서 무슨 일이 일어나고 있는지 모른다고 주장할 수는 없습니다.

이런 상황이 갖는 도덕적 함의는 무엇일까요? 아래에서 나는 상대적으로 부유한 나라의 사람들이 벵골과 같은 상황에 반응하는 방식이 정당화될 수 없다고 주장할 것입니다. 사실은 우리가 도덕적 문제를 바라보는 방식, 즉 우리의 도덕적 개념 체계 전체를 바꿔야 하며, 그와 함께 우리 사회에서 당연하게 여겨져 온 삶의 방식도 바꿔야 합니다.

물론 이 결론을 주장하면서, 내가 도덕적으로 중립적이라고 주장하지는 않을 것입니다. 하지만 내가 취하는 도덕적 입장을 논증하려고 노력할 것이며, 그래서 몇몇 명백한 가정들을 받아들이는 사람이라면 나의 결론을 받아들일 것이라고 기대합니다.

    식량과 주거, 의료가 부족해서 겪는 고통과 죽음이 나쁘다는 가정에서 시작하겠습니다. 대부분의 사람이 이 가정에 동의하리라고 생각하지만, 다른 경로를 통해 같은 견해에 도달할 수도 있습니다. 나는 이 견해에 대해 논증하지 않을 것입니다. 사람들은 온갖 별난 입장을 가질 수 있고, 어쩌면 그중 어떤 입장에서는 굶주림으로 인한 죽음이 그 자체로 나쁘다는 결론이 나오지 않을 수도 있습니다. 그런 입장을 반박하기란 어렵고, 어쩌면 불가능할 수도 있으므로, 논의를 간결하게 하고자 나는 이제부터 여러분들이 이 가정을 수용하였다고 간주하겠습니다. 동의하지 않는 사람은 더 이상 읽지 않아도 됩니다.

    다음 요점은, 만약 우리가 도덕적으로 중요성이 비슷한 다른 것을 희생하지 않고도 나쁜 일이 일어나는 것을 막을 수 있다면, 우리는 도덕적으로 그렇게 해야 한다는 것입니다. 여기서 "도덕적으로 중요성이 비슷한 다른 것을 희생하지 않고도"라 함은 다른 비슷한 나쁜 일을 초래하거나 그 자체로 잘못된 일을 하지 않는 것, 또는 우리가 막을 수 있는 나쁜 일과 비숫한 중요성을 가진 도덕적 선을 증진하지 못하는 상황을 가져오지 않는 것을 의미합니다. 이 원칙은 앞의 원칙만큼이나 논쟁의 여지가 거의 없어 보입니다. 이 원칙은 단지 나쁜 것을 막고 좋은 것을 증진하라고 요구할 뿐이며, 도덕적 관점에서 중요성이 비슷한 어떤 것을 희생하지 않고 그렇게 할 수 있을 때에만 이를 요구합니다. 벵골 사태에 내 논증을 적용하는 것과 관련하여, 이 요점을 다음과 같이 수정할 수도 있습니다. 만약 우리가 도덕적으로 중요한 것을 희생하지 않고도 매우 나쁜 일이 일어나는 것을 막을 수 있다면, 우리는 도덕적으로 그렇게 해야 합니다.† 이 원칙을 응용하면 다음과 같을 것입니다. 만약 내가 얕은 연못가를 지나가다가 아이가 연못에 빠져서 허우적대는 것을 본다면, 나는 그 연못에 들어가서 아이를 구해야 합니다. 이로 인해 내 옷이 진흙으로 더러워지겠지만, 이는 사소한 일인 반면 아이의 죽음은

---

† 피터 싱어는 상황이 나쁠 때 이를 방지할 도덕적 의무가 생긴다고 본다. '나쁜' 상황에서도 도덕적 의무가 발생하는데, 벵골 사태와 같은 중대하고 시급한 '매우 나쁜' 상황에서는 더욱 그렇지 않은가?

매우 나쁜 일일 것입니다.

방금 제시된 원칙은 논란의 여지가 없어 보이지만, 실제로는 그렇지 않습니다. 이 원칙이 완화된 형태로라도 실행된다면 우리의 삶과 우리의 사회, 그리고 우리의 세계는 근본적으로 변할 것입니다. 이 원칙은 첫째, 가깝고 멀고를 고려하지 않습니다. 내가 도울 수 있는 사람이 나와 10야드 거리의 이웃 아이이든 1만 마일 떨어져 있는 알 일 없는 벵골 사람이든, 그것은 도덕적으로 아무런 차이를 만들지 않습니다. 둘째, 내가 어떤 일을 할 수 있는 유일한 사람인 경우와 내가 같은 입장에 있는 수백만 명 중 한 명에 불과한 경우를 구분하지 않습니다.

나는 가깝고 멀고를 고려하지 않는 것에 대해 별로 변호할 필요가 없다고 생각합니다. 한 사람이 우리와 물리적으로 가까워서 개인적으로 접촉할 수 있다는 사실은, 우리가 그에게 도움이 **될** 가능성을 높일 수 있지만, 이것이 멀리 떨어져 있는 다른 사람보다 그를 도와**야만** 한다는 것을 보여주는 것은 아닙니다. 만약 우리가 어떤 공평무사성, 보편화 가능성, 평등성, 혹은 그 어떤 원칙을 받아들인다면, 단지 누군가가 우리에게서 멀리 떨어져 있다는 이유로(또는 우리가 그에게서 멀리 떨어져 있다는 이유로) 그를 차별할 수 없습니다. 물론 우리는 멀리 있는 사람을 도울 때보다 가까이 있는 사람을 도울 때 무엇을 해야 하는지 판단하기 더 나은 위치에 있을 수 있으며, 필요하다고 판단한 도움을 제공하는 데에도 마찬가지일 것입니다. 만약 그렇다면, 이는 가까이 있는 사람들을 먼저 돕는 이유가 될 것입니다. 예전에는 이것이 자기가 사는 지역의 가난한 사람들을 인도의 기근 피해자들보다 더 신경 쓰는 것을 정당화할 수도 있었습니다. 〔하지만〕 도덕적 책임을 제한적으로 유지하려는 사람들에게는 불행하게도, 즉각적인 의사소통 수단과 신속한 교통수단이 상황을 바꾸어 놓았습니다. 도덕적 관점에서 볼 때, 세계가 '지구촌global village'으로 발전하면서 우리의 도덕적 상황에 중요한, 그러나 여전히 인식되지 않는 차이가 생겨났습니다. 기근 구호 단체에서 파견되었거나 상주하는, 기근이 잦은 지역의 전문가 및 감독관들은 우리의 원조를 우리 동네 사람에게 전달하는 것만큼이나 효율적으로 뱅골의 난민에게 전달할 수 있습니다. 따라서 지리적 이유로 차별하는 것은 정당화될 수 없어 보입니다.

내 원칙의 두 번째 함의에 대해서는 좀 더 방어할 필요가 있을 것입니다. 즉 벵골 난민에 대하여 나와 같은 위치에 있는 사람이 수백만 명이라는 사실이, 그 상황을 내가 매우 나쁜 어떤 일이 발생하는 것을 막을 수 있는 유일한 사람인 상황과 유의미하게 다른 것으로 만들지 않는다는 것입니다. 다시 말하지만, 물론 이러한 경우들 사이에 심리적 차이가 있다는 것을 인정합니다. 나와 비슷한 위치에 있는 다른 사람들 또한 아무것도 하지 않았다는 것을 지적할 수 있다면, 우리는 아무것도 하지 않은 것에 대해 죄책감을 덜 느낍니다. 그러나 이것이 우리의 도덕적 의무obligation[2]에 실질적인 차이를 만들 수는 없습니다.

---

[2] 철학자들이 흔히 이 'obligation의무'이라는 용어에 특별한 의미를 부여하는 점을 감안할 때, 나는 'obligation'을 단순히 'ought~해야 한다'에서 파생된 추상 명사로 사용하고 있으며, 따라서 "나는 ~에 의무가 있다"는 "나는 ~을 해야 한다"는 의미 이상도 이하도 아니라는 것을 말해 두어야 할 것 같다. 이러한 사용은 《옥스퍼드 영어사전 축소판Shorter Oxford English Dictionary》에서 제공하는 'ought'의 정의, 즉 "책임duty과 의무obligation를 표현하는 일반 동사"에 부합한다. 내가 'obligation'을 사용한 문장들은, 다소 어색하기는 하지만 모두 'obligation'

만약 주변을 둘러보고는 나만큼 가까운 거리에 있는 다른 사람들도 아이의 상황을 알아차렸지만 아무것도 하지 않고 있다는 것을 알게 된다면, 나는 연못에서 허우적대는 아이를 구할 내 의무가 덜하다고 생각해야 할까요? 이 질문을 던지기만 해도 〔의무가 있는 사람의〕 수가 의무를 줄인다는 견해가 터무니없다는 것을 알 수 있습니다. 불행히도 가난, 인구 과잉, 오염과 같은 주요한 재난은 대부분 거의 모든 사람이 거의 동등하게 연관되어 있는 문제이기 때문에, 그러한 견해는 아무것도 하지 않음 inactivity에 대한 그럴싸한 변명일 뿐입니다.

〔사람〕 수가 차이를 만든다는 견해는 다음과 같은 방식으로 설명하면 그럴듯해 보일 수 있습니다. 만약 나와 사정이 비슷한 모든 사람이 뱅골 구호 기금에 5파운드씩 기부한다면, 난민들에게 음식, 주거, 의료를 제공하기에 충분할 것입니다. 그리고 나는 나와 같은 상황에 있는 다른 사람들보다 더 많이 기부

대신 'ought'를 포함하는 절로 다시 쓸 수 있다. 그러므로 내가 이 용어를 사용한 방식에 어떤 실질적인 쟁점이 걸려 있다고 생각하지 않는다.

해야 할 이유가 없으므로, 5파운드 이상 기부할 의무가 없습니다. 이 논증의 각 전제는 참이며, 논증은 건전해 보입니다. 그 결론이 가언적으로 진술되지 않았음에도 불구하고 〔실제로는〕 가언적 전제에 기반하고 있다는 점을 알아차리지 못한다면†, 우리는 이 논증에 설득될 수도 있습니다. 결론이 "만약 나와 같은 상황에 있는 모든 사람이 5파운드를 기부한다면, 나는 5파운드 이상 기부할 의무가 없다."였다면, 그 논증은 건전할 것입니다. 그러나 결론이 그렇게 진술되었다면, 다른 모든 사람들이 5파운드를 기부하지 않는 상황에서는 이 논증이 아무런 의미가 없다는 것이 분명할 것입니다. 물론 이것이 실제 상황입니다. 〔현실에서〕 나와 같은 상황에 있는 모든 사람이 5파운드씩 기부하지 않으리라는 것은 거의 확실합니다. 그러면

---

† 가언적 논법은 "만약 p라면 q이다. 또한 만약 q라면 r이다. 따라서 만약 p라면 r이다."와 같이 두 개의 가언 명제로부터 새로운 가언 명제를 도출하는 방식이다. 여기서 결론도 "만약 p라면 r이다."와 같이 가언적 형태를 취한다. "모든 사람이 벵골 구호 기금에 5파운드씩 기부한다면…"처럼 가정에 기반해 논증을 시작한 이상, '모든 사람이 5파운드씩 기부하지 않는 상황'에서는 이 논증이 적용되지 않는다.

[난민들에게] 필요한 음식, 주거, 의료를 제공하기에 충분하지 않을 것입니다. 따라서 5파운드 이상을 기부하면 5파운드만 기부하는 경우보다 더 많은 고통을 예방할 수 있습니다.

    나의 논증이 터무니없는 결론을 가져온다고 생각할 수도 있습니다. 상당한 액수를 기부할 것 같은 사람이 매우 소수로 보이는 상황이므로, 나와 비슷한 환경에 있는 다른 모든 사람은 가능한 한 많이 기부해야 한다는 결론이 도출됩니다. 즉 더 이상 기부하면 자신과 부양가족에게 심각한 고통을 초래하기 시작하는 지점까지, 어쩌면 이 지점을 넘어서, 더 기부하면 자신과 부양가족이 뱅골에서 예방하려는 만큼의 고통을 겪게 될 한계 효용† 지점까지 기부해야 한다는 결론이 나옵니다. 그러나 모든 사람이 이렇게

---

† 한계 효용 체감의 법칙에 따르면, 소비자가 특정 재화를 반복적으로 소비할수록 그 재화로 인해 얻는 주관적 만족감은 점차 줄어든다. 예를 들어, 갈증이 심한 사람이 처음 한 모금을 마실 때는 큰 만족을 느끼지만, 물을 계속 마실수록 그 만족감은 점차 감소한다. 피터 싱어는 이에 비유하여, 이익의 효용이 기부 금액에 비례해서 늘어나다가 어느 시점부터는 그 효용이 줄어들 수도 있음을 설명하고자 했다.

한다면, 난민의 이익을 위해 쓸 수 있는 것보다 더 많은 것이 쌓이게 되고 일부는 필요 이상의 희생이 될 것입니다. 따라서 모든 사람이 자신이 해야 할 일을 한다면, 모든 사람이 자신이 해야 할 일을 조금 덜 하는 경우나 일부 사람들만 자신들이 해야 할 일을 다 하는 경우만큼 좋은 결과는 나오지 않을 것입니다.

    이 역설은 문제의 행동, 즉 구호 기금에 돈을 보내는 것이 거의 동시에 수행된 일이거나 예상치 못한 일이라고 가정할 때에만 발생합니다. 모든 사람이 무언가를 기부할 것으로 예상된다면, 분명히 각자는 다른 사람이 기부하지 않은 만큼을 더 기부할 의무가 없습니다. 그리고 모든 사람이 거의 동시에 행동하지 않는다면, 나중에 기부하는 사람들은 얼마가 더 필요한지를 알게 될 것이고, 그 총액에 도달하는 데 필요한 것 이상을 기부할 의무가 없을 것입니다. 이 말은 같은 상황에 있는 사람들이 같은 의무를 지닌다는 원칙을 부정하는 것이 아니라, 다른 사람들이 기부했거나 기부할 것으로 예상된다는 사실이 이 상황과 유관한 요소임을 지적하는 것입니다. 다른 많은 이들이 기부하고 있다는 사실이 알려지고 나서 기부하는 사람들과 그 이전에 기부한 사람들은 같은 상황에 있지 않습니다. 그래서 겉보기에는 터무니없는, 내가 제시한 원칙의 결과는 사람들이 실제 상황을 잘못 알고 있을 때에만 발생할 수 있습니다. [여기서 '실제 상황을 잘못 알고 있을 때'란,] 자기는 다른 사람들이 기부하지 않을 때 기부하고 있다고 생각하지만, 실제로는 다른 사람들이 기부하고 있을 때 자기도 기부하고 있는 경우를 말합니다. 모든 사람이 자신이 해야 한다고 합리적으로 믿는 일을 한 결과는 모든 사람이 [실제로] 해야 할 일을 덜 한 결과보다 나쁠 수 있습니다. 그러나 모든 사람이 자신이 실제로 해야 할 일을 한 결과는 모든 사람이 [실제로] 해야 할 일을 덜 한 결과보다 나쁠 수 없습니다.[†]

[†] 역자의 요청에 피터 싱어가 보내온 보완 설명은 다음과 같다: 내가 옹호하는 입장은, 기부를 통해 매우 나쁜 일이 발생하는 것을 방지할 수 있을 때 우리가 기부를 해야 한다는 것이다. 이미 많은 사람들이 기부를 하고 있어서 아주 나쁜 일이 일어나는 것을 충분히 예방할 수 있다면 굳이 기부할 필요가 **없다**. 그러나 이미 많은 사람들이 기부를 하고 있다는 사실을 알지 못한다면, 자신이 기부를 해야 한다고 합리적으로 생각할 수 있다. 그렇기 때문에 **실제로** 해야 할 일을 하는 것이 **실제로** 해야 할 일을 덜 하는 것보다 항상 더 좋은 결과를 가져올 것이다.

지금까지의 나의 논증이 건전하다면, 막을 수 있는 악_evil_과의 거리나 그 악과 관련하여 우리와 같은 상황에 있는 다른 사람들의 수는, 그 악을 완화하거나 막을 우리의 의무를 덜어주지 않습니다. 따라서 나는 앞서 주장한 원칙이 확립되었다고 간주하겠습니다. 이미 말했듯이, 나는 그것을 단서를 단 형태로만 주장해야 합니다. 만약 우리가 도덕적으로 중요한 다른 것을 희생하지 않고도 나쁜 일이 일어나는 것을 막을 수 있다면, 우리는 도덕적으로 그렇게 해야 합니다.

이 논증의 결과, 우리의 전통적인 도덕적 범주는 전복됩니다. 의무와 자선을 구분하는 전통적인 선은 그어질 수 없거나, 적어도 우리가 일반적으로 구분하는 방식으로 그을 수 없습니다. 벵골구호기금_Bengal Relief Fund_에 돈을 보내는 것은 우리 사회에서

〔그러므로 기부를 했을 때 결과가 나쁠 가능성은, 각자가 불완전한 정보에 따라 기부하여 필요 이상의 기부가 이루어지는 예외적 상황에서만 발생한다. 실제 우리가 정확한 정보를 바탕으로 효율적으로 기부한다면, 기부를 한 결과가 기부를 하지 않은 결과보다 항상 좋을 것이다.〕

자선 행위로 간주됩니다. 돈을 모금하는 기관은 '자선' 단체로 알려져 있습니다. 이러한 조직은 스스로를 그렇게 여깁니다. 그 단체들에 돈을 보낸다면 당신은 당신의 '관대함'에 감사하다는 인사를 받을 것입니다. 돈을 주는 것은 자선 행위로 여겨지기 때문에 돈을 보내지 않는 것에 어떠한 잘못이 있다고는 생각하지 않습니다. 자선을 베푸는 사람은 칭찬받을 수 있지만, 자선을 행하지 않는 사람이 비난받지는 않습니다. 사람들은 기근 구호에 기부하는 대신 새 옷이나 새 차에 돈을 쓰는 것에 대해 조금도 부끄러움이나 죄책감을 느끼지 않습니다. (사실 그들은 대안을 떠올리지도 않습니다.) 이런 방식으로 문제를 보는 것은 정당화될 수 없습니다. 몸을 따뜻하게 유지하기 위해서가 아니라 '잘 차려입은' 것처럼 보이기 위해 새 옷을 살 때, 우리는 어떤 중요한 필요를 충족하는 것이 아닙니다. 만약 우리가 입던 옷을 계속 입고 그 돈을 기근 구호에 기부한다고 해도, 우리는 의미 있는 어떤 것을 희생하지 않을 것입니다. 그렇게 함으로써, 우리는 다른 사람이 굶주리는 것을 막을 수 있을 것입니다. 앞서 말했듯이, 우리는 체온 유지에 필요한 것 이상으로 옷에 돈을 쓰기보다 돈을 나눠 주어야 합니다. 그렇게 하는 것은 자선을 베푸는 것도 관대한 것도 아닙니다. 철학자나 신학자들이 '초과의무적 supererogatory'이라고 부르는 종류의 행동, 즉 하면 좋지만 하지 않아도 잘못은 아닌 행동도 아닙니다. 반대로 우리는 돈을 나눠 주어야 하며 그렇게 하지 않는 것은 잘못된 일입니다.

나는 자선 행위란 없다거나, 하면 좋지만 하지 않아도 잘못은 아닌 행동이 전혀 없다고 주장하는 것이 아닙니다. 다른 곳에서 의무와 자선의 구분선을 다시 그을 수 있을지도 모릅니다. 내가 여기서 주장하는 것은, '선진국' 사람들 대부분이 누리는 수준의 풍요 속에서 살고 있는 사람이, 굶주림에 처한 남을 구하기 위해 돈을 보내는 것을 자선 행위로 만드는 현재의 구분 방식은 지지될 수 없다는 것입니다. 그 구분을 다시 설정해야 할지 아니면 완전히 없애야 할지 고려하는 것은, 내 논증의 범위를 벗어납니다. 의무와 자선을 구분 지을 수 있는 다른 방법이 있을 것입니다. 예를 들어 다른 사람들을 가능한 한 행복하게 하는 것은 좋은 일이지만, 그렇게 하지 않는 것이 잘못은 아니라고 결정할 수도 있지요.

내가 제안하는 우리의 도덕적 개념 체계의 수정은 미미한 것이지만, 오늘날 세계의 풍요와 기근의 범위를 감안할 때, 이러한 수정은 급진적인 함의를 가질 것입니다.† 그 함의는 내가 이미 다룬 것과는 다른 추가적인 반대 의견으로 이어질 수 있습니다. 〔예상되는〕 반대 중 두 가지에 대해 논의해 보겠습니다.

내가 취한 입장에 대한 한 가지 반대 의견은, 그것이 우리의 도덕 체계를 너무 과격하게 수정한다는 것일 수 있습니다.‡ 사람들은 보통 내가 제안한 방식으로 판단하지 않습니다. 대부분의 사람들은 남의 재산을 취하지 말라는 것과 같은 도덕적 규범을 위반한 자들을 도덕적으로 비난합니다. 사람들은 기근 구제에 기부하는 대신에 사치에 탐닉하는 이들을 규탄

---

† 피터 싱어는 우리가 '자선 행위'로 간주해 온 것을 도덕적 '의무'로 재정의하고자 했다. 이러한 개념적 변화는 작아 보일지 모르지만, 실제 우리 사회에 미칠 영향은 매우 클 것이다.

‡ 사람들은 '타인에게 피해가 되는 행위'를 금지하는 데 의무를 부과한다. 그러나 피터 싱어는 '다른 사람들에게 도움이 되는 행동'에도 의무를 부과하므로, 사람들에게 더 많은 도덕적 의무를 부과하는 셈이다.

하지 않습니다. 그러나 나는 사람들이 도덕적 판단을 내리는 방식에 대하여 도덕적으로 중립적인 설명을 보여주려고 한 것이 아니기 때문에, 사람들이 실제로 어떻게 판단하는지는 내 결론의 타당성과 무관합니다. 내 결론은 내가 앞서 제시한 원칙에서 도출되며, 그 원칙이 거부되거나 논증이 건전하지 않다는 것이 드러나지 않는 한, 아무리 이상하게 보이더라도 내 결론은 유지되어야 한다고 생각합니다.

그렇지만 우리 사회와 대부분의 다른 사회가 내가 제안한 방식과 다르게 판단하는 이유를 고려하는 것은 흥미로울 수 있습니다. 제임스 엄슨은 잘 알려진 논문에서, 우리가 해야만 하는 것이 무엇인지를 알려주는 의무의 명령은 사람들이 사회에서 함께 살아가기 위해 용납할 수 없는 행동을 금지하는 역할을 한다고 말합니다. 이때〔용납할 수 없는 행동만을 금지하는〕의무의 명령은, '하면 좋지만 하지 않아도 잘못은 아닌 것'과는 구별됩니다.[3] 이는 의무 행위와 자

---

3   에이브러햄 멜든Abraham I. Melden이 편집한《도덕철학 에세이Essays in Moral Philosophy》(시애틀: 워싱턴대학출판부, 1958)에 실린 J. O. 엄슨Urmson의〈성인과 영웅Saints and Heroes〉, 214

> "
> 도덕적 관점은 우리에게
> 우리 사회의 이익을 넘어서 볼 것을
> 요구합니다.

선 행위를 구분하는 오늘날의 방식의 기원 및 존속을 설명할 수 있을 것입니다. 도덕적 태도는 사회의 필요로 형성되며, 의심할 여지 없이 사회는 규칙을 준수하는 사람이 필요합니다. 그 규칙은 사회적 존재가 감내할 수 있는 것이어야 합니다. 특정 사회의 관점에서는, 살인이나 도둑질 등을 하지 말라는 규범에 대한 위반을 방지하는 것이 필수적입니다. 그러나 자신이 속한 사회 바깥의 사람들을 돕는 것은 전혀 필수적이지 않습니다.

이것이 의무와 초과의무에 대한 우리의 일반적인 구분을 설명한다고 해도 그 구분을 정당화하지는 않습니다. 도덕적 관점은 우리에게 우리 사회의 이익을 넘어서 볼 것을 요구합니다. 이미 언급했듯이, 예전에는 이것이 거의 실행 불가능했을지 모르지만 지금은 충분히 가능합니다. 도덕적 관점에서 볼 때 우리 사회 외부에 있는 수백만 명의 굶주림을 막는 일

쪽. 관련이 있지만 상당히 다른 견해에 대해서는 헨리 시지윅Henry Sidgwick, 《윤리학의 방법The Methods of Ethics》 7판(런던: 도버출판사, 1907), 220–21, 492–93쪽 참조.〔뒤의 책은 강준호 역, 《윤리학의 방법》, 아카넷, 2018으로 번역됨.〕

은, 우리 사회 내부의 소유물을 지키려는 규범을 유지하는 것만큼이나 시급하게 고려되어야 합니다.

    몇몇 저술가들은, 그중에는 헨리 시지윅이나 엄슨도 있는데, 평범한 사람의 능력을 너무 넘어서지 않는 기본적인 도덕규범이 필요하다고 주장했습니다. 그렇지 않으면 도덕규범 준수에 전반적으로 붕괴가 일어나리라는 것입니다. 거칠게 말해서, 이 주장은 우리가 사람들에게 살인을 자제해야 하고 정말로 필요하지 않은 모든 것을 기근 구호에 기부해야 한다고 말하면 둘 다 하지 않을 테지만, 반면 우리가 살인을 자제해야 하고 기근 구호에 기부하는 것은 좋지만 기부하지 않아도 잘못은 아니라고 말한다면 적어도 살인은 자제할 것이라는 뜻입니다. 여기서 문제가 생깁니다. 최상의 결과를 달성하기 위해, 요구되는 행동과 요구되지는 않지만 좋은 행동의 경계를 어디에 그어야 할까요? 이것은 경험적 질문인 것처럼 보이지만 매우 어려운 질문입니다.† 시지윅과 엄슨의 논

---

† 시지윅과 엄슨은 살인 금지는 반드시 '요구되는 행위'이고 기근 구제는 '도덕적으로 요구되지는 않지만 좋은 행위'라고 본다. 하지만 피터 싱어의 '효율적 이타주의 운동'을 추종하는

법에 대한 (또) 한 가지 반대 의견은, 그것이 우리가 내리는 결정에 도덕적 기준이 미칠 수 있는 영향을 충분히 고려하지 않는다는 것입니다. 부유한 사람이 소득의 5퍼센트를 기근 구호에 기부하는 것이 매우 관대한 것으로 여겨지는 사회라면, 우리 모두가 소득의 절반을 기부해야 한다는 제안이 터무니없이 비현실적이라고 여겨지더라도 놀랍지 않습니다. (반면) 다른 이들이 필요한 것을 가지지 못한 상황에서는 어느 누구도 필요한 것 이상을 가져서는 안 된다고 여기는 사회에서는 그러한 제안이 속 좁아 보일 수도 있습니다. 내가 생각하기에, 한 사람이 할 수 있는 일과 할 가능성이 있는 일은, 모두 주변 사람들이 무엇을 하고 있는지와 그에게 어떤 행동을 기대하는지에

토머스 포기에 따르면, 애초에 '도덕적으로 요구되는 행위'와 '도덕적으로 요구되지는 않지만 좋은 행동'을 구분하는 선은 존재하지 않는다. 대머리의 역설을 생각해 보자. 머리카락 가운데 몇 가닥이 없어야 대머리가 되는 것일까? 대머리의 개념은 애초부터 모호하고 정확히 정의될 수 없다. 그러므로 어떤 행동이 '도덕적으로 요구되는 행위'인지 아니면 '요구되지는 않지만 좋은 행동'인지는 불명확한 것이며 정확히 정의될 수도 없는 것이다. 이에 대해서는 https://askphilosophers.org/question/4240 참조.

크게 영향을 받습니다. 어떤 경우든, 우리가 기근을 구제하기 위해 훨씬 더 많은 일을 해야 한다는 생각을 퍼뜨린다고 해서 도덕적 행동에 전반적으로 붕괴가 일어날 가능성은 희박해 보입니다. [하지만] 만약 광범위한 기근의 종식이 걸려 있다면, 위험을 감수할 가치가 있습니다. 마지막으로, 시지윅과 엄슨의 고려 사항은 우리가 다른 사람에게 요구해야 할 것에 관한 문제에만 관련이 있고, 우리 자신이 해야 할 일과는 관련이 없다는 점을 강조해야 합니다.†

의무와 자선을 구분하는 오늘날의 방식을 비판하는 나의 입장에 대한 두 번째 반대는, 공리주의에 대해 때때로 제기되어 온 것입니다. 공리주의 이론의 몇몇 형태‡에 따르면, 우리는 모두 도덕적으로 마땅

---

† 시지윅과 엄슨은 타인에게 지나치게 무리한 도덕 규범을 요구할 경우, 사람들이 애초에 도덕 규범을 지키지 않게 될 것이라고 경고한다. 하지만 '우리 스스로' 기근 구제를 도덕적 의무로 삼는다면, 시지윅과 엄슨의 경고는 의미를 잃게 될 것이다.

‡ 공리주의는 '가능한 최대한의 이익'을 가져올 수 있는 행동을 하라고 요구한다. 그러나 공리주의 반대론자들은 전체 공리를 극대화하기 위해 우리가 번 돈을 휴가 비용이 아닌 기근 구

히 고통 대비 행복의 우위를 증가시키기 위해 온 힘을 다해 일해야 한다는 결론이 나옵니다. 내가 이 책에서 취한 입장이 모든 상황에서 그런 결론으로 이어지지는 않습니다. 도덕적으로 중요성이 비슷한 무언가를 희생하지 않고도 막을 수 있는 나쁜 일이 존재하지 않는다면 내 논증은 적용되지 않을 것이기 때문입니다. 그러나 세계 여러 지역의 현재 상황을 감안한다면, 내 논증에 따라 우리는 기근이나 기타 재난의 결과로 발생하는 막대한 고통을 덜어 주기 위하여 도덕적으로 마땅히 온 힘을 다해 일해야 한다는 결론이 도출됩니다. 물론 참작할 만한 상황을 들 수 있을 것입니다. 예를 들어 과로로 지친다면 우리는 그렇지 않았을 때보다 덜 효율적일 것입니다. 그렇지만 이러한 모든 고려 사항을 감안했을 때에도, 도덕적으로 중요성이 비슷한 다른 무언가를 희생하지 않으면서 가능한 한 많은 고통을 예방해야 한다는 결론은 그대로입니다. 우리는 이 결론을 마주하기가 거북할

호에 사용해야 한다는 점에서 공리주의가 지나치게 엄격하다고 비판한다.

수 있습니다. 그러나 나는 막대한 고통을 덜어주기 위해 우리가 온 힘을 다해야 한다는 것이 왜 내가 주장한 입장에 대한 비판으로 간주되어야 하는지를 모르겠습니다. 우리의 일반적인 행동 기준에 대한 비판이어야 하는데 말이지요. 대부분의 사람이 어느 정도 자기 위주이기 때문에 우리 중 아주 소수만이 우리가 마땅히 해야 할 모든 일을 할 가능성이 있습니다. 그러나 이를 우리에게 그런 의무가 없다는 논거로 받아들이는 것은 전혀 정직하지 못한 것입니다.

여전히 내 결론이 다른 모든 사람들이 항상 생각해 왔던 것과는 너무나 동떨어져 있어서, 내 논증 어딘가에 분명 문제가 있을 거라고 생각할 수 있습니다. 확실히 내 결론은 현대 서양의 도덕적 기준과는 어긋나지만 다른 시대 다른 장소에서는 그렇게 특이하다고 생각되는 주장이 아님을 보이기 위해, 일반적으로 별난 급진주의자로는 여겨지지 않는 저술가 토마스 아퀴나스의 한 구절을 인용하고 싶습니다.

이제 신의 섭리에 의해 제정된 자연 질서에 따라, 물질적 재화는 인간의 필요를 충족시키기 위해 제공된다. 따라서 인간의 법에 따른 재산의 분할과 배분이 그러한 재화를 통해 인간이 필요를 충족하는 데 방해가 되어서는 안 된다. 마찬가지로 어떤 사람이 과도하게 가지고 있는 것은 무엇이든지, 자연권을 따라, 가난한 자들의 생계를 위해 그들에게 빚진 것이다. 그래서 암브로시우스는 다음과 같이 말하며, 이는 《그라티아누스 교령집》에도 실려 있다. "당신이 움켜쥔 빵은 굶주린 자의 것이며, 당신이 숨겨 둔 옷은 벌거벗은 자의 것이고, 당신이 땅에 묻은 돈은 무일푼인 사람의 구원과 자유이다."[4]

이제 우리가 도달한 도덕적 결론을 〔실제로〕 적용하는 것에 관해 철학적이라기보다는 현실적인 여러 의견들을 살펴보고자 합니다. 이러한 의견들은 우리 모

---

4 토마스 아퀴나스Thomas Aquinas, 《신학대전Summa Theologica》, II-II, 문제 66, 7절. 알레산드로 파세린 앙트레브스A. P. d'Entrèves가 편집하고 J. G. 도슨Dawson이 번역한 《정치저술선집Selected Political Writings》(옥스퍼드: 베이실블랙웰, 1948), 171쪽에서 인용한 것이다.

두 굶주림을 막기 위해 최선을 다해야 한다는 생각이 아니라, 막대한 돈을 나눠 주는 것이 이 목적을 위한 최선의 수단이라는 생각†에 이의를 제기합니다.

해외 원조는 정부의 책임이어야 하며 그렇기 때문에 민간 자선 단체에 기부해서는 안 된다고 말하기도 합니다. 사적으로 기부하는 것이 정부와 기부하지 않는 사회 구성원들을 책임에서 벗어날 수 있게 해준다는 것입니다.

이 주장은 민간에서 조직된 기근 구호 기금에 기부하는 사람이 많을수록 정부가 그러한 원조에 전적인 책임을 질 가능성이 줄어들 거라고 가정하는 것 같습니다. 이러한 가정은 근거가 없으며, 나에게는 전혀 그럴듯하게 느껴지지 않습니다. 만약 아무도 자발적으로 기부하지 않는다면 정부는 시민들이 기근 구호에 관심이 없고 구호를 강요받고 싶어 하지 않는다고 가정할 것이라는 반대 견해가 더욱 타당해 보입니다. 어떤 경우든, 기부를 거부함으로써 막대한 정

---

† 원조의 총량을 상당히 증가시키기 위해서는 우리가 개별적으로 적은 돈은 기부하기보다는 정부가 원조를 확대하는 것이 낫다는 생각이다.

부 지원을 이끌어 낼 확실한 개연성이 없다면, 자발적인 기부를 거부하는 사람들은 그러한 거부로 얻는 실질적인 이점도 제시하지 못한 채 어느 정도의 고통을 예방하는 것을 거부하는 셈이 됩니다. 따라서 기부를 거부하는 것이 어떻게 정부의 조치를 이끌어 낼 것인가를 입증할 책임은 기부를 거부하는 사람들에게 있습니다.

물론 부유한 국가의 정부들이 지금 제공하고 있는 것보다 몇 배나 많은, 조건 없는 진정한 지원을 제공해야 한다는 주장을 반박하고자 하는 것이 아닙니다. 사적으로 기부하는 것만으로는 충분하지 않으며, 기근 구호를 위해 공적 및 사적 기부에 대한 완전히 새로운 기준을 〔마련하기 위해〕 적극적으로 캠페인해야 한다는 데 나도 동의합니다. 사실 직접 기부하는 것보다 캠페인을 하는 것이 더 중요하다고 생각하는 이에게 동감할 수는 있겠지만, 자신이 실천하지 않는 것을 설교하는 것이 과연 효과가 있을지 의심스럽습니다. 불행하게도, '그것은 정부의 책임이다'라는 생각은 많은 사람들에게 기부하지 않는 핑계가 될 뿐이며, 어떤 정치적 행동을 수반하는 것처럼 보이지는 않습니다.

기근 구호 기금에 기부하지 않는 또 다른 더 심각한 이유는, 인구 조절이 제대로 될 때까지는 기근을 완화하는 것이 단지 굶주림을 연장할 뿐이라는 것입니다. 지금 우리가 벵골 난민을 구한다 해도 몇 년 후에는 다른 사람들, 아마도 이 난민의 자녀들이 굶주림에 직면하게 될 것입니다. 이를 뒷받침하기 위해 인구는 폭발적으로 증가하더라도 생산은 비교적 제한적으로 증대된다는, 잘 알려진 사실을 인용할 수 있습니다.

이 의견은 앞의 것과 마찬가지로 미래에 일어날 수 있는 일에 대한 믿음 때문에 지금 일어나고 있는 고통을 완화하는 것에 반대하는 주장입니다. 그러나 미래에 대한 이러한 믿음을 뒷받침하는 매우 타당한 증거가 제시될 수 있다는 점에서 앞의 의견과는 다릅니다. 여기서 그 증거에 대해 자세히 설명하지는 않겠습니다. 나는 지구가 현재의 속도로 증가하는 인구를 무한정 지탱할 수 없다는 점을 인정합니다. 이것은 기근을 예방하는 것이 중요하다고 생각하는 사람에게는 확실히 문제가 됩니다. 그러나 다시 말하건대, 이 주장이 기근을 막기 위해 무엇이든 해야 할 의무를 면제해 준다는 결론을 내리지 않고서도 이를 받아들일 수 있습니다. 여기서 내려야 할 결론은 장기적으로 기근을 예방하는 가장 좋은 방법이 인구 조절이라는 것입니다. 그러면 앞서 도달한 입장에서 인구 조절을 촉진하기 위해 할 수 있는 모든 것을 해야 한다는 결론이 도출될 것입니다. (모든 형태의 인구 조절이 그 자체로 잘못된 것이라거나 상당히 나쁜 결과를 초래한다고 생각하지 않는 한 말입니다.)† 그렇다면 인구 조절을 위해 특별히 활동하는 단체들이 있으니 기근 방지를 위해 보다 정통적인 방법 대신 이런 단체들을 지원하면 될 것입니다.

앞서 도달한 결론에서 제기된 세 번째 의견은, 우리 모두가 얼마나 많이 나눠 주어야 하는지를 묻는 것과 관련이 있습니다. 이미 언급된 한 가지 가능성은 한계 효용 수준에 도달할 때까지 주어야 한다는 것입니다. 즉 더 줄 경우 나 자신이나 내 부양가족

---

† 이러한 주장은 종교 교리상 피임이나 불임 시술을 죄악으로 규정하거나, 인구 성장이 민족과 국가의 힘을 강화한다고 보아 인구 성장률 둔화를 원하지 않는 경우를 고려한 것이다.

에게 나의 기부가 덜어 줄 고통만큼의 고통을 초래하게 될 수준까지 말입니다. 물론 이것은 벵골 난민의 물질적 형편과 매우 가깝게 자신의 몫을 줄이게 되리라는 의미일 것입니다. 앞서 내가 나쁜 일이 발생하지 않도록 하는 원칙의 강력한 버전과 온건한 버전을 모두 제시했다는 것을 기억할 것입니다. 강력한 버전은 도덕적으로 중요성이 비슷한 것을 희생하지 않는 한 우리는 나쁜 일을 막아야 한다는 것으로, 이는 우리 자신의 몫을 한계 효용 수준까지 줄이라고 요구하는 것 같습니다. 또한 나에게는 강력한 버전이 옳은 것으로 보인다고 말하겠습니다. 나는 나쁜 일을 막기 위해 도덕적으로 중요한 것을 희생하지 않는 한 나쁜 일을 막아야 한다는 보다 온건한 버전을 제안했는데, 이는 오직 이 의심의 여지 없이 부인할 수 없는 원칙을 따르는 것만으로도 우리의 삶의 방식에 큰 변화가 필요하다는 것을 보여주기 위해서였습니다. 보다 온건한 원칙에 따르는 것으로는, 한계 효용 수준으로 우리의 몫을 줄여야 한다는 결론이 나오지 않을 수도 있습니다. 자기 자신과 가족의 몫을 이 수준으로 줄이는 것이 심각한 일을 초래할 것이라고 생각할 수도 있기 때문입니다. 이것이 사실인지는 논하지 않겠는데, 앞서 말했듯이 나는 강력한 원칙보다 온건한 원칙을 고수할 만한 좋은 이유를 알 수 없기 때문입니다. 그러나 우리가 이 원칙을 온건한 형태로만 받아들인다고 하더라도, 소비 사회―기근 구제에 기부하기보다는 하찮은 것들에 돈을 쓰는 사람들에게 의존하는―가둔화되고 어쩌면 완전히 사라질 수 있을 만큼 우리가 충분히 기부할 수밖에 없다는 점은 분명할 것입니다. 이것이 그 자체로 바람직한 여러 가지 이유가 있습니다. 경제 성장의 가치와 필요성에 대해서 이제 환경보호론자뿐만 아니라 경제학자들도 의문을 제기하고 있습니다.[5] 소비 사회가 구성원들의 목표와 목적에 왜곡된 영향을 미쳤다는 점은 의심의 여지가 없습니다. 그러나 순전히 해외 원조의 관점에서 이 문제를 보자면, 우리가 의도적으로 경제를 둔화시키는 데에는 한계가 있어야 합니다. 예를 들어 우리

---

5 예를 들어, 다음을 참조: 존 케네스 갤브레이스John Kenneth Galbraith,《새로운 산업국가The New Industrial State》(보스턴: 휴튼 미플리, 1967); E. J. 미산Mishan,《경제성장의 비용The Costs of Economic Growth》(뉴욕: 프래거, 1967).

가 국민총생산GNP 가운데 40퍼센트를 기부한다면 경제가 너무 둔화되어, 기부율을 더 낮은 비율인 25퍼센트로 제한하고 더 큰 GNP를 유지할 경우보다 절대적인 기부 금액이 더 적을 수 있기 때문입니다.

나는 이상적인 기준을 설정하는 데 고려해야 할 요소의 한 가지 지표로서만 기부율을 언급하고 있습니다. 서구 사회는 일반적으로 GNP의 1퍼센트를 해외 원조에 허용되는 수준으로 간주하기 때문에 이 기부율 문제는 전적으로 이론적인 문제입니다. 또한 이는 매우 소수의 사람들만이 상당한 금액을 기부하는 사회에서 개인이 얼마나 기부해야 하는지를 묻는 것에도 영향을 미치지 않습니다.

철학자들이 공적인 일의 영역에서 특별히 맡을 역할이 없다는 말이 예전보다는 덜하지만 여전히 자주 들립니다. 대부분의 공공 문제들이 주로 사실의 평가에 의존하기 때문입니다. 사실에 관한 문제에서는 철학자들이 특별한 전문 지식을 가지고 있지 않으니 주요 공공 문제에 대해 어떤 입장을 취하지 않고도 철학에 종사할 수 있었다고 말합니다. 사회 정책이나 외교 정책과 관련된 문제들 가운데는 입장을 정하거나 행동하기 전에 사실에 대한 전문가의 평가가 정말로 필요하다고 말할 수 있는 것들이 분명히 있습니다. 그러나 기근 문제는 확실히 그러한 것들 가운데 하나가 아닙니다. 고통이 존재한다는 사실은 논쟁의 여지가 없습니다. 그리고 우리가 그 고통에 대해 무언가를 할 수 있다는 것도 논쟁의 여지가 없다고 생각합니다. 전통적인 기근 구호 방법을 통해서든 인구 조절을 통해서든 또는 둘 다이든 말입니다. 따라서 이것은 철학자들이 입장을 취할 능력이 있는 문제입니다. 이것은 자신과 부양가족의 생활을 돌보는 데 필요한 것보다 더 많은 돈을 가진 모든 사람이나, 어떤 형태로든 정치적 행동을 할 수 있는 위치에 있는 모든 사람이 직면한 문제입니다. 이 범주에는 서구권 대학의 거의 모든 철학 교수와 학생이 포함되어야 합니다. 철학이 교수와 학생 모두에게 관련된 문제를 다루고자 한다면, 이것이야말로 철학자들이 논의해야 할 문제입니다.

그러나 논의만으로는 충분하지 않습니다. 우리가 결론을 진지하게 받아들이지 않는다면, 철학을 공적인 (그리고 개인적인) 일과 연결하는 것이 무슨 의미가 있겠습니까? 이 경우에 결론을 진지하게 받아들인다는 것은 그 결론을 실천으로 옮기는 것을 의미합니다. 내가 옳다면, 우리가 해야 하는 모든 일을 하기 위해서는 태도와 생활 방식을 바꾸어야 합니다. 철학자라고 해서 다른 사람들보다 이 일이 더 쉽지는 않을 것입니다. 그러나 최소한 시작할 수는 있습니다. 그렇게 하는 철학자는 소비 사회의 몇몇 혜택을 포기해야 할 것입니다. 하지만 이론과 실천이 아직 조화를 이루지는 못해도, 적어도 가까워지고 있는 삶의 방식에 대한 만족에서 보상을 찾을 수 있을 것입니다.

세계 빈곤에 대한 피터 싱어의 해결책

이 글은 《뉴욕타임스》
1999년 9월 5일자에 처음 게재되었다.

"1940년 뉴욕시립대학교가 무신론자이자 자유연애의 옹호자인 버트런드 러셀을 채용하려 했던 이후, 교수 임용이 이렇게 소란스러웠던 적은 없었다."[1]

내가 1999년에 호주에서 미국으로 이주했을 때 《뉴욕타임스》는 이렇게 보도했습니다. 프린스턴대학교의 이사 스티브 포브스Steve Forbes(당시 공화당 대선 후보)의 지원을 받는, 임신중절 반대 단체와 전투적 장애인 단체 연합은 내 교수 임명을 철회할 것을 요구했습니다. 학교는 학문의 자유라

---

[1] 실비아 나사르Sylvia Nasar, 〈프린스턴의 새 철학자 파장을 일으키다Princeton's New Philosopher Draws a Stir〉, 《뉴욕타임스》, 1999년 4월 10일.

는 원칙을 굳건하게 지켰고, 항의가 얻은 것은 내 글에 대한 관심을 고조시켰다는 것뿐입니다. 《뉴욕타임스 선데이매거진》의 기고 요청을 받았을 때, 나는 이 기회를 빌려 훨씬 더 많은 독자들에게 〈기근, 풍요, 도덕〉의 업데이트 버전을 발표하였습니다. 이 기사에는 독자들이 유니세프나 옥스팜에 기부할 수 있는 수신자 부담 전화번호가 포함되어 있었습니다. 유니세프와 옥스팜은 나중에 나에게 기사가 나가고 한 달 동안 그 전화번호를 통해 평소보다 약 60만 달러를 더 모금했다고 말해 주었습니다. 몇 년 후 옥스팜의 한 직원은, 어떤 여성이 사무실로 들어와 핸드백에서 구겨진 기사 사본을 꺼내더니 기부 의사를 표했다고 내게 말해 주었습니다. 이후 그녀는 고액 기부자가 되었습니다.

브라질 영화 《중앙역 Central Station》에서 도라는 은퇴한 교사로, 기차역에 앉아 글을 모르는 사람들을 위해 편지를 써주며 생계를 꾸려 갑니다. 그러던 중 그녀에게 갑자기 천 달러를 챙길 기회가 생깁니다. 그녀가 해야 할 일은 집 없는 아홉 살 소년을 설득해 그녀가 받은 주소로 데려가는 게 다입니다. (도라는 그 아이가 부유한 외국인에게 입양될 거라고 들었습니다.) 그녀는 소년을 데려다주고 돈을 받습니다. 그중 일부를 텔레비전 세트에 쓰고 새롭게 구입한 물건을 즐기며 안락하게 지냅니다. 그러나 그녀의 이웃이 그 소년은 입양되기에는 나이가 너무 많았다고, 결국 살해당해 장기가 이식용으로 팔릴 거라고 말하며 흥을 깹니다. 어쩌면 도라는 처음부터 이를 알았을지 모르지만, 이 이웃의 직설적인 말 한마디에 그녀는 괴로운 밤을 보냅니다. 아침이 되자 도라는 소년을 다시 데려오기로 결심합니다.

도라가 이웃에게 세상은 각박하고 다른 사람들도 멋진 새 텔레비전을 가지고 있는데 자기는 아이를 파는 것이 텔레비전을 가질 수 있는 유일한 길이라고, 어차피 소년은 거리의 아이였을 뿐이라고 말했다고 가정해 봅시다. 그녀는 관객의 눈에 괴물로 비추어졌을 것입니다. 소년을 구하기 위해 기꺼이 상당한 위험을 감수할 때에만 그녀는 자신의 실수를 만회할 수 있습니다.

도라가 소년을 구하지 않았다면 바로 비난했을 전 세계 부유한 국가의 영화관 관객들은, 영화가 끝나고 그녀의 아파트보다 훨씬 더 안락한 집으로 돌아갑니다. 실제로 미국의 평균적인 가정은 소득의 거의 3분의 1을 도라의 새 텔레비전보다도 불필요한 물건에 소비하고 있습니다. 괜찮은 음식점에서 외식을 하고, 예전 옷이 유행이 지났다는 이유로 새 옷을 사고, 해변의 리조트에서 휴가를 보내는 등 수입의 상당 부분이 우리 삶과 건강을 유지하는 데 필수적이지 않은 것들에 지출되고 있습니다. 그 돈이 여러 자선 단체 중 한 곳에 기부된다면, 도움이 필요한 어린이들에게는 삶과 죽음의 차이를 만들 수 있습니다.

이 모든 것들이 하나의 의문으로 귀결됩니다. 결국 집 없는 어린이를 장기밀매업자에게 파는 브라질 사람과, 더 좋은 텔레비전을 살 돈으로 도움이 필요한 아이들의 생명을 살리는 단체에 기부할 수 있다는 것을 알면서도 이미 있는 텔레비전을 바꾸는 미국인 사이에는 어떠한 윤리적 차이가 있을까요?

물론 두 상황에는 서로 다른 도덕적 판단을 뒷받침할 수 있는 몇 가지 차이점이 존재합니다. 먼저, 바로 당신 앞에 있는 아이를 죽음으로 내모는 것은 소름 끼칠 정도로 무자비한 일이지만, 한번도 만나보지 못한 아이를 돕기 위하여 기부해 달라는 호소를 무시하는 것은 훨씬 쉽습니다. 하지만 행위의 옳고 그름을 그 결과로 판단하는 나와 같은 공리주의 철학자에게는, 그 미국인이 돈을 기부하지 않은 결과로 브라질 도시의 거리에서 한 명의 아이가 더 죽는다면, 그것은 어떤 의미에서 아이를 장기밀매업자에게 파는 것만큼이나 나쁜 행위라고 여겨집니다.† 그러나 나의 공리주의적 윤리를 받아들일 필요도 없이,

---

† 피터 싱어의 결과주의에 따르면, 우리는 가장 좋은 결과를 가져오는 행동을 해야 한다. 미국인이 돈을 기부하지 않아 한 명의 아이가 죽는 것과 아이를 장기밀매업자에게 팔아 죽게 하는 것은 결과적으로 동등하게 나쁜 결과를 초래한다. 따라서 둘 다 동등한 수준의 나쁜 행위다.

아이를 장기밀매업자에게 데려간 도라를 그렇게 즉각적으로 비난하면서 동시에 미국 소비자의 행동을 심각한 도덕적 문제로 여기지 않는 데에는 적어도 난처한 불일치가 있다는 것을 알 수 있습니다.

1996년 뉴욕대학교의 철학자 피터 엉거는 그의 저서 《자신은 잘 살면서 남은 죽게 내버려두기 Living High and Letting Die》에서, 굶주리고 영양실조에 걸리거나 설사처럼 쉽게 치료할 수 있는 질병으로 죽어가는 사람들을 돕기 위해 상당한 금액의 돈을 기부하지 않으면서 (자기는) 잘 사는 것을 잘못이라고 여기는지에 대한 우리의 직관을 탐구하고자 기발한 가상의 사례들을 고안해 제시했습니다. 다음은 이러한 사례 중 하나를 내가 정리한 것입니다.

밥Bob은 은퇴를 앞두고 있습니다. 그는 저축한 돈의 대부분을 매우 희귀하고 가치 있는 오래된 차 부가티에 투자했는데, 아직 자동차 보험에는 가입하지 않았습니다. 부가티는 그의 자부심이자 즐거움입니다. 차를 운전하고 관리하면서 얻는 즐거움에 더해, 밥은 차의 시장 가치가 상승하고 있으니 은퇴 후에 언제든 차를 팔아 편안하게 살 수 있다는 것을 알고 있습니다. 어느 날 드라이브를 나간 밥은 철로 끝자락에 부가티를 주차하고 철로를 따라 산책을 나섭니다. 그러던 중 아무도 타지 않은 통제 불능의 열차가 철로를 따라 달리고 있는 것을 목격합니다. 선로를 더 멀리 바라보니 어린아이의 작은 모습이 보이는데 폭주하는 열차에 치여 죽게 생겼습니다. 그는 기차를 멈출 수도 없고 아이가 너무 멀리 있어서 위험하다고 알려줄 수도 없지만, 선로전환기를 눌러 기차가 측선†으로 가도록 방향을 바꿀 수는 있습니다. 그런데 거기에는 그의 부가티가 세워져 있습니다. 전환기를 누르면 아무도 죽지 않지만 기차가 그의 부가티를 망가뜨릴 것입니다. 부가티를 소유하고 있다는 즐거움과 그 차가 보여주는 재정적 안정감을 생각하며 밥은 전환기를 누르지 않기로 결심합니다. 아이는 죽습니다. 이후 여러 해 동안 밥은 부가티와 부가티가 보여주는 재정적 안정감을 누리며 살아갑니다.

    우리 대부분은 밥의 행동이 심각하게 잘못되었

---

† 열차의 운행에 늘 쓰는 선로 이외의 선로. 열차 차량의 재편성이나 화물의 적재나 하차 따위에 쓴다.

다고 즉각적으로 반응할 것입니다. 엉거도 이에 동의합니다. 하지만 엉거는 우리에게도 어린이들의 생명을 구할 수 있는 기회가 있다는 것을 상기시킵니다. 우리는 유니세프나 옥스팜 같은 단체에 기부할 수 있습니다. 우리가 이런 단체들에 얼마를 기부해야 쉽게 예방할 수 있는 질병으로 위협받는 어린이들의 생명을 높은 확률로 구할 수 있을까요? (나는 어린이가 어른보다 더 구할 가치가 있다고 생각하지는 않지만, 어린이가 자신의 가난을 자초했다고 주장하는 사람은 아무도 없으니 어린이에 초점을 맞춘다면 문제는 단순화될 겁니다.) 엉거는 몇몇 전문가에게 연락해서 그들이 제공한 정보를 사용해, 모금 비용과 관리 비용, 그리고 가장 필요한 곳에 원조를 전달하는 비용을 포함한 타당한 추정치를 제시했습니다. 그의 계산에 따르면, 200달러의 기부금은 아픈 2세 어린이가 건강한 6세 어린이로 성장하는 데 도움이 될 것입니다. 아동기의 가장 위험한 시기를 안전하게 지날 수 있게 해주는 것이지요. 엉거는 철학적 논증이 얼마나 실천적일 수 있는지 보여주기 위해, 유니세프나 옥스팜으로 연결되는 수신자 부담 전화번호(유니세프: (800) 367-5437, 옥

스팸: (800) 693-2687)[†]를 적어 그 번호로 연락하면 신용카드로 쉽게 기금을 기부할 수 있다고 설명하기도 합니다.

이제 여러분도 한 아이의 생명을 구하는 데 필요한 정보를 얻었습니다. 실천하지 않는다면 스스로를 어떻게 판단해야 할까요? 밥과 그의 부가티에 대해 다시 생각해 보십시오. 도라와 달리 밥은 자신의 물질적 안락함을 위해 희생시킨 아이의 눈을 들여다볼 필요가 없었습니다. 그에게 아이는 완전히 낯선 사람이었고, 친밀하고 개인적인 방식으로 관계를 맺기에는 너무 멀리 떨어져 있었습니다. 도라와 달리 그는 아이를 속이거나 아이를 위험에 빠뜨리는 일련의 사건을 만들지도 않았습니다. 이러한 모든 면에서 밥의 상황은 해외 원조에 기부할 수 있지만 기부하고 싶어 하지 않는 사람들의 상황과 비슷하며, 도라의 상황과는 다릅니다.

당신이 여전히 밥이 기차의 방향을 바꿔 아이의

[†] 미국 옥스팜의 전화번호는 현재 (800) 776-9326으로 바뀌었다.

생명을 구할 전환기를 누르지 않은 것은 매우 잘못이라고 생각한다면, 위에 적은 단체 중 하나에 돈을 보내지 않는 것 역시 매우 잘못이라는 것을 어떻게 부정할 수 있을지 알기 어렵습니다. 두 상황 사이에 도덕적으로 중요한 차이가 존재하는데 내가 간과한 것이 아니라면 말이지요.

〔기부를 기피하는 것은〕 원조가 실제로 필요한 사람들에게 전달될 수 있을지 실질적으로 불확실하기 때문일까요? 해외 원조의 세계를 아는 사람이라면 누구든지 그러한 불확실성이 존재한다는 것을 의심하지 않습니다. 그러나 엉거가 한 아이의 생명을 구하는 데 드는 돈으로 제시한 200달러라는 수치는 기부된 금액 가운데 실제로 목표에 도달하는 비율을 보수적으로 가정한 다음에 나온 것입니다.

밥과, 해외 원조 단체에 기부할 여력이 있는데도 기부하지 않는 사람들의 진정한 차이는 선로의 아이를 구할 수 있는 사람은 오로지 밥뿐이지만, 해외 원조 단체에 200달러를 기부할 수 있는 사람은 수억 명에 달한다는 점입니다. 문제는 그들 중 대부분이 그렇게 하고 있지 않다는 것입니다. 그런데 이것이 당신이 기부를 하지 않아도 된다는 것을 의미할까요?

귀중한 빈티지 자동차를 소유한 사람들이(이를테면 캐럴Carol, 데이브Dave, 엠마Emma, 프레드Fred 등등 해서 지기Ziggy까지) 더 많이 있었고, 모두 전환기나 측선 등의 상황이 밥과 똑같았으며, 모두 자신의 소중한 자동차를 지키기 위해 아이를 희생시켰다고 가정해 봅시다. 그렇다면 밥 역시 똑같이 행동해도 되는 것일까요? 이 물음에 긍정적으로 대답하는 것은 군중을 따르는 윤리를 지지한다는 것입니다. 그것은 나치의 잔혹 행위가 자행되고 있을 때 많은 독일인들이 외면하게 만든 윤리와 같은 종류입니다. 다른 사람들도 별반 다를 바 없이 행동했다고 해서 우리가 저 외면한 사람들을 용서하지는 않습니다.

밥의 상황과, 이 글의 독자 중 남는 돈 200달러가 있으면서도 해외 원조 단체에 기부하지 않는 사람의 상황 사이에는 명확한 도덕적 경계선을 그을 수 있는 확실한 근거가 부족해 보입니다. 그런 독자들은, 적어도 통제 불능의 기차가 아무런 낌새도 알아차리지 못한 아이를 향해 돌진하도록 두기를 선택한

밥만큼이나 나쁘게 행동하는 것처럼 보입니다. 이 결론에 비추어 볼 때, 많은 독자들이 전화기를 들고 200달러를 기부할 거라고 믿습니다. 이 글을 더 읽기 전에, 먼저 기부를 하는 것도 좋겠습니다.

이제 당신은 한 아이의 생명보다 빈티지 자동차를 우선시하는 사람들과 도덕적으로 구별되었으니, 자신과 파트너를 위해 좋아하는 음식점에서 저녁 식사를 하는 것은 어떨까요? 하지만 잠깐만요. 음식점에서 지출하려는 그 돈이 해외 어린이들의 생명을 구하는 데 도움이 될 수 있습니다! 사실 오늘 밤 200달러를 써버릴 계획은 없었겠지만, 한 달 동안만 외식을 포기한다면 그 금액을 쉽게 절약할 수 있을 것입니다. 한 아이의 생명에 비하면 한 달 동안의 외식이 도대체 무엇이라고요. 그런데 여기에 문제가 있습니다. 세상에는 도움이 절실히 필요한 어린이가 많으므로 또 다른 200달러로 생명을 구할 수 있는 또 다른 어린이가 항상 있을 것입니다. 그렇다면 아무것도 남지 않을 때까지 계속 기부해야 할까요? 어느 시점에서 기부를 그만할 수 있을까요?

가상의 사례들은 자칫 엉뚱하게 보일 수도 있습니다. 밥을 생각해 봅시다. 그는 부가티를 잃는 것 이상의 희생을 어디까지 감수해야 할까요? 밥이 측선에 발이 끼어서 기차의 방향을 바꾸면 기차가 차에 부딪치기 전에 그의 엄지발가락이 절단될 수도 있다고 상상해 봅시다. 그래도 전환기를 눌러야 할까요? 한쪽 발이 절단된다면 어떨까요? 다리 전부라면요?

부가티의 가상 상황을 극단까지 밀어붙이면 터무니없어지지만, 그것이 제기하는 요점은 매우 중요합니다. 대부분의 사람들은, 〔밥이 감수해야 할〕 대가가 정말로 상당할 때에만 전환기를 누르지 않기로 결정한 밥에게 잘못이 없다고 말할 마음이 들 겁니다. 물론 대부분의 사람들이 틀릴 수도 있고, 도덕적 문제는 여론조사로 결정할 수 있는 것이 아닙니다. 하지만 여러분 스스로 밥에게 요구할 수 있는 희생의 수준을 생각해 보세요. 그리고 그와 거의 같은 수준으로 희생하기 위해 당신이 얼마나 많은 돈을 나눠 주어야 하는지 생각해 보세요. 거의 확실하게 200달러보다 훨씬, 훨씬 더 많은 금액일 것입니다. 대부분의 중산층 미국인에게는 필시 20만 달러 정도일 것입니다.

사람들에게 너무 많은 것을 요구하는 것은 역효과를 낳지 않을까요? 많은 사람들이 어깨를 으쓱하면서 도덕morality이라는 개념은 성인聖人이라면 몰라도 자신들에게는 해당되지 않는다고 말하게 될 위험이 있지 않을까요? 나는 가까운 미래나 그보다는 조금 더 먼 미래에도 부유한 미국인들이 자신의 재산 대부분을 생면부지의 사람에게 기부하는 것이 통상적인 세상을 볼 가능성은 거의 없다는 것을 인정합니다. 사람들의 행동을 칭찬하거나 비난할 때, 우리는 통상적인 행동에 관한 일부 개념에 상대적인 기준을 적용하는 경향이 있습니다. 예를 들어 수입의 10퍼센트를 해외 원조 단체에 기부하는 생활이 넉넉한 미국인들은 비슷하게 넉넉한 대부분의 동료 시민들보다 훨씬 앞서 있으므로, 나는 그들이 더 많이 기부하지 않는다고 해서 굳이 그들을 질책하고 싶지 않습니다. 그렇지만 그들은 훨씬 더 많은 일을 해야 하며, 밥이 부가티라는 훨씬 더 큰 희생을 감수하지 않았다고 비난할 수 있는 입장이 아닙니다.

이 시점에서 다양한 반론이 제기될 수 있습니다. 누군가는 이렇게 말할 수 있습니다. "만약 부유한 나라에 사는 모든 시민이 자신의 몫을 기부한다면 내가 그렇게 과하게 희생할 필요는 없을 것입니다. 그런 수준에 이르기 훨씬 전에 식량이나 의료 서비스 부족으로 죽어 가는 모든 어린이의 생명을 구할 수 있는 자원이 확보될 테니까요. 그런데 왜 내가 공평한 몫_fair share_보다 더 많이 기부해야 하나요?" 이와 관련된 또 다른 반대 의견은 정부가 해외 원조 할당을 늘려야 한다는 것입니다. 그래야만 모든 납세자에게 공평하게 부담을 분산시킬 수 있다고 생각하기 때문입니다.

그러나 우리가 얼마나 기부해야 하는지는 현실 세계에서 결정해야 할 문제입니다. 그리고 슬프게도 그 세계에서는 대부분의 사람들이 해외 원조 기관에 상당한 금액을 기부하지 않으며 가까운 미래에도 기부하지 않으리라는 것을 우리는 알고 있습니다. 또한 우리는 적어도 내년에 미국 정부가 유엔이 권고하는 아주 소박한 목표치인 국민총생산의 0.7퍼센트조

차 이행하지 못할 것이며, 현 시점에서는 그보다 훨씬 낮은 0.09퍼센트만을 원조하고 있다는 것을 알고 있습니다. 이 수치는 일본의 0.22퍼센트의 절반에도, 덴마크의 0.97퍼센트의 10분의 1에도 미치지 못하는 것입니다. 따라서 우리는 이론적인 '공평한 몫' 이상으로 기부할 수 있는 돈이, 기부가 이루어지지 않으면 잃게 될 생명을 여전히 구할 수 있다는 것을 알고 있습니다. 어느 누구도 자신의 공평한 몫 이상을 부담할 필요가 없다는 생각은 강력합니다. 그러나 다른 사람들이 공평한 몫을 부담하지 않고 있고, 우리가 공평한 몫 이상을 부담하지 않으면 아이들이 예방 가능한 죽음으로 내몰린다는 것을 알고 있는데도, 이 생각에 힘을 실어주어야 할까요? 그것은 공평함〔의 개념〕을 극단적으로 적용하는 것입니다.

따라서 우리가 기부해야 할 금액을 제한하는 이 논거도 실패합니다. 지금과 같은 세계에서는 생활에 필요한 최소한의 수준을 초과하는 부를 누리는 우리 각자가 그 부의 대부분을, 생명을 위협할 정도의 심각한 빈곤으로 고통받는 사람들을 돕기 위해 써야 한다는 결론에서 벗어날 수 없습니다. 새 차를 사거나,

크루즈 여행을 가거나, 집을 새로 꾸미거나, 값비싼 새 정장을 사지 말아야 한다는 뜻입니다. 결국 천 달러짜리 양복 한 벌이 다섯 아이의 생명을 구할 수 있습니다.

그렇다면 내 철학은 화폐로 어떻게 환산될까요? 비영리 경제 연구 기관인 컨퍼런스보드Conference Board에 따르면 소득이 5만 달러인 미국 가정은 생필품에 연간 약 3만 달러를 지출합니다. 따라서 연간 소득이 5만 달러인 가구의 경우, 전 세계 빈곤층을 돕기 위한 기부금은 가능한 한 2만 달러에 가까워야 합니다. 소득이 더 높다 해도 생필품 구입에 필요한 비용은 3만 달러입니다. 따라서 연 소득이 10만 달러인 가구는 연간 7만 달러를 기부할 수 있습니다. 다시 말하지만 공식은 간단합니다. 필수품이 아닌 사치에 지출하는 돈이라면, 모두 나눠 주어야 합니다.

진화심리학자들은, 많은 사람이 모르는 사람을 위해 그토록 많은 것을 희생할 만큼 인간 본성이 충분히 이타적이지 않다고 말합니다. 인간 본성에 대한 사실에 관해서는 그들이 옳을지 모르지만, 그러한 사실로부터 도덕적 결론을 도출하는 것은 잘못입니다.

> 만약 그 때문에 도덕적으로
> 제대로 된 삶을 사는 것이
> 극도로 힘든 일이 된다면,
> 글쎄요,
> 현실이 원래 그런 법입니다.

만약 우리 중 대부분이 하지 않을 것으로 예측되는 일을 우리가 해야만 한다면, 그 사실을 정면으로 직시합시다. 그렇게 우리가 고급 음식점에 가는 것보다 한 아이의 생명을 더 소중히 여긴다면, 다음에 외식할 때 우리는 그 돈으로 더 나은 일을 할 수 있었음을 알게 될 것입니다. 만약 그 때문에 도덕적으로 제대로 된 삶을 사는 것이 극도로 힘든 일이 된다면, 글쎄요, 현실이 원래 그런 법입니다. 만약 우리가 그렇게 하지 않는다면, 우리는 적어도 도덕적으로 제대로 된 삶을 살지 못하고 있다는 것을 알아야 합니다. 죄책감에 빠지기 위해서가 아니라 가야 할 방향을 알 때 우리는 그 방향으로 나아가기 위한 첫걸음을 밟을 수 있기 때문입니다.

선로전환기 옆에 서서 자신에게 닥친 딜레마를 처음으로 파악했을 때, 밥은 무고한 아이의 생명과 대부분의 재산을 희생하는 것 중 하나를 선택해야 하는 상황에 처한 자신이 얼마나 터무니없이 운이 나쁜지 생각했을 것입니다. 하지만 그는 전혀 운이 나쁘게 아니었습니다. 우리 모두가 그와 같은 상황에 처해 있으니까요.

억만장자는 무엇을 해야 하고
당신은 무엇을 해야 하는가

이 글은 《뉴욕타임스 선데이매거진》
2006년 12월 17일자에 처음 게재되었다.

2006년, 두 가지 주요 뉴스가 억만장자들의 자선 활동에 대한 관심을 집중시켰습니다. 빌 게이츠는 마이크로소프트의 경영자 역할을 점차 줄이고 빌앤드멀린다게이츠재단에 더 많은 시간을 할애하겠다고 발표했습니다. 이 재단은 빌과 멀린다 게이츠의 기부 덕분에 이미 세계에서 가장 큰 자선재단입니다. 그 후 워런 버핏은 게이츠재단에 310억 달러를 기부하는 것을 포함해 그의 재산 440억 달러의 대부분을 기부할 계획이라고 발표했습니다.《뉴욕타임스 선데이매거진》의 편집자인 일레나 실버맨Ilena Silverman은 나에게 슈퍼리치들의 막대한 기부로 제기되는 윤리적 문제에 대해 글을 써 달라고 요청했습니다. 나는 그 제안에 동의

했지만, 기사의 범위를 억만장자들이 해야 할 일로 한정하고 싶지 않았습니다. 이 기사는 대부분의 미국 기부자들이 12월 31일 과세 연도 마감 전, 자선 기부를 마무리 짓는 시점에 맞춰 게재되었습니다.

사람의 생명은 얼마나 가치가 있을까요? 당신은 거기에 가격표를 붙이고 싶지 않을 수도 있습니다. 하지만 굳이 그래야만 한다면, 대부분의 사람들은 인간 생명의 가치가 수백만 달러에 달한다는 데 동의할 것입니다. 우리가 자주 천명하는 민주주의의 토대와 인간의 고유한 존엄성에 대한 믿음에 따라, 모든 인간은 평등하게 창조되었다는 것에도 우리는 역시 동의할 것입니다. 적어도 성별, 인종, 국적, 거주지의 차이에 따라 인간 생명의 가치가 달라진다는 것을 부정한다는 점에서 말입니다.

크리스마스가 다가오고 미국인들이 좋아하는 자선단체에 기부금을 보내는 지금이야말로, 이러한 두 가지 믿음, 즉 값을 매길 수 있다면 인간 생명은 수백만 달러의 가치가 있다는 믿음과 앞에서 언급한 요인들(성별, 인종, 국적, 거주지)이 인간 생명의 가치를 바꾸지 않는다는 믿음이 우리의 행동과 얼마나 일치하고 있는지 생각해 볼 좋은 시기입니다. 올해(2006년)는 자선활동, 특히 전 세계 빈곤 퇴치를 위한 자선활동에 있어 특별한 해였기 때문에, 평소보다 가족 간의 대화에서 이런 질문이 알게 모르게 더 나왔을지도 모르겠습니다.

몇 년 전 마이크로소프트의 창립자 빌 게이츠는 모든 인간 생명이 동등하게 가치 있다는 이상이 현실과 충돌하고 있다는 것을 깨달았습니다. 개발도상국의 질병에 관한 기사를 읽다가 어린이 중증 설사의 가장 흔한 원인인 로타바이러스로 매년 50만 명의 어린이가 사망한다는 통계를 접했기 때문입니다. 그는 로타바이러스에 대해 들어본 적이 없었습니다. 그는 스스로에게 물었습니다. "어떻게 매년 50만 명의 어린이를 죽게 만드는 질병에 대해 들어본 적이 없었을까?" 그러던 중 그는 개발도상국에서 수백만 명의 어린이가 미국에서는 퇴치되었거나 사실상 퇴치된 질병으로 사망한다는 사실을 알게 되었습니다. 그는 충격을 받았습니다. 생명을 구할 수 있는 백신과 치료제가 있다면 당연히 정부가 이를 필요로 하는 사람들에게 공급하기 위해 최선을 다하고 있을 거라고 생각했기 때문입니다. 빌 게이츠는 지난해 제네바에서 열린 세계보건총회 회의에서 아내 멀린다와 함께 "오늘날 우리 세상에서는 어떤 생명은 구할 가치가 있고 어떤 생명은 그렇지 않다는 잔인한 결론을 피할 수 없었습니다."라고 말했습니다. 그들은 서로에게 "이게 사실일 리가 없어."라고 말했지만, 사실이 맞다는 것을 알고 있었습니다.

게이츠는 "개발도상국 어린이의 죽음도 선진국 어린이의 죽음과 마찬가지로 비극적이라는 사실을 사람들이 마침내 받아들이게 될" 향후 10년을 기대한다며, 세계보건총회 연설을 낙관적인 결론으로 마무리하였습니다. 모든 인간의 생명은 동등한 가치를 지닌다는 믿음은 빌앤드멀린다게이츠재단의 웹사이트에서도 잘 드러납니다. 웹사이트의 '우리의 가치Our Values' 항목 아래에는 이렇게 적혀 있습니다. "모든 생명은 어디에 있든 동등한 가치를 지닌다."

우리는 그런 믿음에 따라 행동하고 있지 못합니다. 같은 세계에서, 10억 명 이상의 사람들이 전례 없는 수준의 풍요로움을 누리고 있고, 약 10억 명의 다른 사람들이 하루 미화 1달러 미만의 구매력으로 생존을 위해 고군분투하고 있습니다. 세계에서 가장 가난한 사람들의 대부분은 영양실조에 시달리고 있으며, 안전한 식수나 가장 기본적인 보건 서비스조차 이용할 수 없고, 자녀를 학교에 보내지 못하고 있습니다. 유니세프에 따르면 매년 천만 명 이상, 즉 하루에 약 3만 명의 어린이가 피할 수 있는 빈곤 관련 원인으로 사망합니다.

지난 6월 투자가 워런 버핏은 게이츠재단에 310억 달러, 다른 자선 재단에 60억 달러를 기부하면서 이러한 사망자 수를 줄이기 위한 중요한 발걸음을 내디뎠습니다. 버핏의 이 약속은 빌과 멀린다 게이츠가 그들의 재단에 기부한 약 300억 달러와 함께, 21세기의 첫 10년이 새로운 '자선 활동의 황금기'임을 분명히 했습니다. 인플레이션을 감안한 기준으로, 버핏은 과거에 자선을 실천한 두 거물인 앤드루 카네기Andrew Carnegie와 존 D. 록펠러John D. Rockefeller가 평생 기부한 총액을 합친 것의 두 배가 넘는 금액을 기부하겠다고 약속했습니다. 빌과 멀린다 게이츠의 기부금도 이에 크게 뒤지지 않습니다.

게이츠와 버핏의 기부금은 개발도상국의 빈곤, 질병, 조기 사망을 줄이기 위해 주로 사용될 예정입니다. 세계보건연구포럼 Global Forum for Health Research에 따르면, 전 세계 보건 연구 예산의 10퍼센트도 되지 않는 금액만이 전 세계 질병 부담의 90퍼센트를 차지하는 질환을 해결하는 데 사용되고 있습니다. 과거에는, 가난한 사람들에게만 영향을 미치는 질병은 제약회사의 상업적 관심사가 아니었습니다. 가난한 사람들은 제품을 구매할 여유가 없으니까요. 게이츠재단의 지원을 받는 세계백신면역연합 GAVI은 말라리아와 같은 질병을 예방할 수 있는 백신이 개발되면 수백만 회분의 백신을 구매할 것을 보장함으로써 이러한 상황에 변화를 꾀합니다. 또한 그들은 개발도상국이 기존 백신을 더 많은 사람에게 접종할 수 있도록 지원하고 있기도 합니다. 현재까지 9900만 명의 어린이에게 추가로 백신을 접종했습니다. 연합은 이를 통해 이미 170만 명에 가까운 사망을 예방했다고 주장합니다.

　이러한 규모의 자선 활동은 많은 윤리적 의문을 제기합니다. 기부를 하는 사람은 왜 기부를 할까요? 기부가 과연 도움이 될까요? 기부를 많이 한다고 칭찬해야 할까요, 아니면 더 많이 기부하지 않는다고 비판해야 할까요? 초부유층 개인이 이러한 중대한 결정을 내리는 것이 문제가 될까요? 그리고 그들에 대한 우리의 판단은 우리 자신의 삶의 방식에 어떻게 반영될까요?

　기부의 동기에 관한 질문부터 시작하겠습니다. (어쩌면 우리 중 덜 가진 사람들이 그렇게 생각하고 싶어 하는 것일 수도 있지만,) 부자들은 경쟁자를 압박하고 노동자를 해고하고 공장을 폐쇄하는 등 부를 쌓기 위해 행하는 모든 무자비한 일들 때문에 밤잠을 이루지 못 할 겁니다. 부유한 사람들이 돈을 기부할 때, 우리는 항상 그들이 양심의 가책을 덜거나 호의적인 여론을 조성하기 위해 기부한다고 말할 수 있습니다. 예를 들어, 《포춘》지의 수석 편집자인 데이비드 커크패트릭David Kirkpatrick은 빌 게이츠가 자선 활동에 눈을 돌린 것은 마이크로소프트가 미국과 유럽연합에서 직면한 반독점 문제와 관련이 있다고 주장했습니다. 게이츠는 의식적으로든 무의식적으로든 자신과 회사의 이미지를 개선하기 위해 노력했을까요?

이런 종류의 저격은 공격받는 사람보다 공격하는 사람에 대해 더 많은 것을 알려줍니다. 기업 광고나 신제품 개발에 돈을 쓰지 않고 거액을 기부하는 것은, 개인의 부를 늘리기 위한 현명한 전략이 아닙니다. 누군가가 많은 돈이나 시간을 들여 다른 사람을 돕는다는 이야기를 들으면, 우리는 우리 자신의 행동에 대해 생각하게 됩니다. '나도 소박한 방식으로 그들의 모범을 따라야 할까?' 생각하는 것이지요. 하지만 부자들이 자신의 이미지를 개선하거나 과거의 잘못(물론 우리가 저지르는 잘못과는 전혀 다른 잘못)을 만회하기 위해 돈을 기부하는 것이라면, 편리하게도 그들이 하는 일은 우리가 해야 할 일과는 아무 관련이 없어집니다.

우리 모두가 자기 이익을 위해 행동한다고 주장한 17세기 영국의 철학자 토머스 홉스 Thomas Hobbes에 관한 유명한 이야기가 하나 있습니다. 홉스가 거지에게 자선을 베푸는 것을 본 한 성직자는, 그리스도가 그렇게 하라고 명령하지 않았다면 그렇게 베풀겠느냐고 홉스에게 물었습니다. 홉스는 그렇다고 대답했습니다. 그는 노인의 비참한 상태를 보고 고통스러웠으며, 자신의 자선은 노인의 고통을 어느 정도 덜어 줌으로써 자신의 고통 역시 덜어 주었다는 것입니다. 이는 홉스의 자선 행위와 인간 행동에 대한 그의 이기주의 이론을 일치하게 해주는 대답이지만, 이기주의의 날카로움을 상당히 덜어 내는 대가를 치릅니다. 이기주의자들이 곤경에 처한 낯선 사람을 보고 고통스러워한다면 그들도 어느 이타주의자만큼이나 자선을 할 수 있습니다.

18세기 독일 철학자 이마누엘 칸트Immanuel Kant의 추종자들은 이에 동의하지 않을 것입니다. 그들은 행위가 의무감에서 비롯된 경우에만 도덕적 가치가 있다고 생각합니다. 단순히 그 일을 하는 것이 즐겁기 때문에 또는 그 결과를 보는 것이 즐겁기 때문에 어떤 일을 하는 것은, 그들이 보기에는 도덕적 가치가 없습니다. 왜냐하면 만약 당신이 그 일을 하는 것이 즐겁지 않게 된다면 그 일을 하지 않을 것인데, 당신은 의무의 요구에 대한 복종에는 책임이 있지만 호

불호에 대한 책임은 없기 때문입니다.

어쩌면 일부 자선가들은 의무감에 의해 동기를 부여받았을지도 모릅니다. 게이츠재단의 웹사이트에 따르면, 모든 인간 생명의 평등한 가치 외에도 재단 활동의 핵심에 있는 다른 '단순한 가치'는 "많은 것을 받은 사람에게는 많은 것이 기대된다."는 것입니다. 이는 큰 부를 가진 사람은 자신의 이익보다 더 큰 목적을 위해 부를 사용할 의무가 있다는 관점을 시사합니다. 그러나 이처럼 동기가 무엇인지 묻는 것은 게이츠나 버핏의 인격에 대한 평가와는 관련이 있을 수 있지만, 게이츠와 버핏이 하는 일의 결과를 고려할 때는 그 중요성이 희미해집니다. 로타바이러스로 자녀가 죽을 수도 있는 부모는 자녀의 생명을 구할 도움을 받는 것에 더 관심이 있습니다. 그런 도움을 줄 수 있게 만든 이들의 동기가 무엇인지보다는 말이지요.

흥미롭게도 게이츠나 버핏 모두 이 땅에서의 선행에 대해 천국에서 보상받을 수 있다는 가능성에 동기를 부여받은 것 같지는 않습니다. 게이츠는《타임》과의 인터뷰에서 "일요일 아침에 내가 할 수 있는 일은 훨씬 더 많다."라고 말했습니다. 자유로운 사고로 유명한 앤드루 카네기도 그렇고 미국의 4대 자선가 중 세 명은 무신론자 또는 불가지론자였습니다. (존 록펠러는 예외입니다.) 인구의 96퍼센트가 초월적 존재를 믿는다고 말하는 미국에서 이는 놀라운 사실입니다. 어떤 의미에서, 자선 활동에 관한 한 게이츠와 버핏은 독실한 로마 가톨릭 신자로서 내세에서의 보상과 벌을 믿었던 테레사 수녀 같은 사람보다 자기 이익을 덜 추구한다는 뜻입니다.

   동기에 대한 질문보다 더 중요한 것은 부자들이 기부할 의무가 있는지, 있다면 얼마나 기부해야 하는지에 대한 질문입니다. 몇 년 전, 워싱턴에서 택시를 타고 미주개발은행으로 가는데 아프리카계 미국인 택시 기사가 나에게 은행에서 일하느냐고 물었습니다. 나는 은행 직원이 아니고 개발과 원조에 관한 컨퍼런스에서 연설을 하기로 되어 있다고 대답했습니다. 그러자 내가 경제학자라고 생각하기에, 아니라고 말하면서 철학을 전공했다고 했습니다. 그는 나에게 미국이 해외 원조를 제공해야 한다고 생각하는지 물었습니다. 내가 긍정적으로 대답하자 그는 정부가 다른〔나라〕사람에게 돈을 주기 위해 국민에게 세금을 부과해서는 안 된다고 답했습니다. 그는 그것을 강도 행위라고 생각했습니다. 나는 그에게, 부자들이 벌어들인 돈의 일부를 가난한 사람들에게 자발적으로 기부해야 한다고 생각하는지 물었습니다. 그는 누군가가 스스로 일해 돈을 벌었다면 그 돈을 어떻게 쓸지 훈수 두지 않을 거라고 답했습니다.

그 때 우리는 목적지에 도착했습니다. 시간이 더 있었다면, 나는 사람은 유리한 사회적 환경에서 살 때에만 많은 돈을 벌 수 있고, 그런 환경은 스스로 만든 것이 아니라고 설득하려고 했을지도 모릅니다. 나는 자신의 부의 상당 부분에 사회의 공이 있다는 사실을 인정한 워런 버핏의 말을 인용할 수도 있었습니다. "만일 나를 방글라데시나 페루 한가운데에 데려다 놓는다면, 나의 재능이 〔나와〕 맞지 않는 토양에서 얼마나 결실을 맺을지 의문입니다." 노벨경제학상을 수상한 경제학자이자 사회과학자인 허버트 사이먼 Herbert Simon 은, 미국이나 북서유럽 같은 부유한 사회에서 사람들이 벌어들이는 소득의 90퍼센트 이상은 '사회적 자본'에 그 공이 있다고 추정했습니다. 사이먼이 말하는 사회적 자본이란 천연자원뿐만 아니라, 더 중요한 지역사회 내의 기술과 조직력, 좋은 정부의 존재를 의미합니다. 이러한 것들이 부자들이 사업을 시작할 수 있는 토대입니다. 사이먼은 "도덕적 근거로 볼 때, 우리는 90퍼센트의 단일소득세[†]를 논의해 볼 수 있다."라고 덧붙였습니다. 물론 사이먼이 그렇게 높은 세율을 옹호한 것은 아니었습니다. 역유인 효과[‡]를 잘 알고 있었기 때문입니다. 하지만 그의 추정은, 부자들의 부는 모두 그들이 열심히 노력해서 얻은 결과이므로 부자들은 그 부를 유지할 자격이 있다는 주장을 약화시킵니다. 사이먼의 말이 맞다면, 그들은 그 부의 최대 10퍼센트만 유지할 자격이 있을 뿐입니다.

어쨌든 사람들이 자기가 번 돈을 모두 가져갈 자격이 있다고 인정하더라도, 그것이 사람들이 그 돈을 어떻게 써야 하는지에 대한 물음에 답을 주지는

[†] a flat income tax. 세율구조를 극단적으로 단순화시켜 모든 소득에 대해 한 가지의 세율을 적용하는 것.

[‡] disincentive effect. 노동에 대한 의욕이 감소하는 것.

않습니다. 우리는 그들이 호화로운 파티, 개인용 제트기, 호화 요트에 돈을 쓸 권리가 있다고 말할 수도 있고, 돈을 변기에 내려 버릴 권리가 있다고 말할 수도 있습니다. 하지만 쉽게 예방할 수 있는 질병으로 다른 사람이 죽는 동안, 그들이 이런 일을 하는 것은 잘못이라고 생각할 수 있습니다. 30여 년 전, 지금의 방글라데시에 인도적 위기 상황이 발생했을 때 쓴 글에서, 나는 얕은 연못가를 지나가다가 물에 빠져 죽을 위험에 처한 어린아이를 보는 경우를 예로 들었습니다. 비록 우리가 아이를 연못에 빠지게 한 것은 아니지만, 거의 모든 사람은 최소한의 불편이나 위험을 감수하여 아이를 구할 수 있다면 그렇게 해야 한다는 데 동의합니다. 그렇지 않은 행동은 냉담하고 바람직하지 못하며, 한마디로 잘못된 것입니다. 예를 들어 아이를 구하는 과정에서 새로 산 신발 한 켤레가 망가질 수 있다는 사실은 아이를 물에 빠져 죽게 내버려두는 그럴듯한 이유가 될 수 없습니다. 마찬가지로 우리가 신발 한 켤레 값을 개발도상국의 보건 프로그램에 기부함으로써 아이의 생명을 구할 가능성을 높일 수 있다면, 우리는 그렇게 해야 합니다.

하지만 어쩌면 가난한 사람들을 도와야 할 우리의 의무는 연못에 빠진 아이를 구하는 사례가 암시하는 것보다도 훨씬 강력할 수 있습니다. 왜냐하면 우리는 아이가 연못에 빠지게 된 것에 아무런 책임도 없는 행인보다 덜 결백하기 때문입니다. 컬럼비아대학교의 철학자 토머스 포기Thomas Pogge는 우리가 누리는 풍요의 적어도 일부는 가난한 사람들의 희생에서 비롯된다고 주장했습니다. 그는 이러한 주장의 근거로, 유럽과 미국이 개발도상국으로부터의 농산물 수입을 가로막는 장벽에 대한 일반적인 비판뿐만 아니라 개발도상국과의 무역에서 잘 알려지지 않은 측면들도 제시합니다. 예를 들어 그는 다국적 기업들이 〔개발도상국에서〕 어떤 정부가 어떻게 권력을 잡았는지에 상관없이 천연자원을 구매하기 위해 기꺼이 거래를 맺는다고 지적합니다. 이는 기존의 정부를 전복하려는 집단에 막대한 재정적 인센티브를 제공합니다. 성공한 반군은 국가의 석유나 광물, 목재를 팔아 넘김으로써 그 보상을 받습니다.

포기는 개발도상국의 부패한 독재자들과 거래하는 다국적기업은 장물을 고의로 구입한 사람과 도덕적으로 다를 바가 없다고 주장합니다. 다만 국제법과 정치 질서가 그 기업을, 장물을 소유한 범죄자가 아니라 상품을 구입한 법적 소유자로 인정한다는 차이점이 있을 뿐입니다. 물론 이런 상황이 선진국들에게는 유리합니다. 우리가 번영을 유지하는 데 필요한 원자재를 확보할 수 있게 해주기 때문입니다. 하지만 이런 상황은 자원이 풍부한 개발도상국에게는 재앙입니다. 사람들에게 혜택이 되어야 할 부(자원)가 쿠데타, 내전, 부패의 악순환으로 이어지는 저주로 변모해 전체 국민에게는 거의 이익이 되지 않기 때문입니다.

이러한 관점에서 볼 때, 가난한 사람들에 대한 우리의 의무는 단순히 낯선 사람에게 도움을 제공하는 것이 아니라 우리가 그들에게 입혔고 지금도 입히고 있는 손해에 대한 보상입니다. 우리의 풍요로움이 가난한 사람들에게 실제로 이득이 되기 때문에 우리가 그들에게 보상할 의무가 없다고 주장할 수도 있습니다. 호화로운 생활은 일자리를 만들고, 부는 아래로 흘러가서 원조보다 더 효과적으로 빈곤층을 돕는다고 말입니다. 하지만 선진국의 부자들은 극빈층이

만든 제품을 거의 구매하지 않습니다. 지난 20년간의 경제 세계화 과정에서 무역 확대는 많은 세계 빈곤층을 빈곤에서 벗어나도록 해주었지만, 세계 인구의 최하위 10퍼센트에게는 혜택을 주지 못했습니다. 사하라 이남의 아프리카에 거주하는 극빈층 중 어떤 이들은 부유층에게 필요한 팔 만한 물건이 없고, 어떤 이들은 상품을 시장에 내놓을 인프라가 부족합니다. 그들이 작물을 항구에 가져갈 수 있다고 하더라도, 유럽과 미국의 보조금은 그들이 작물을 팔 수 없게 만듭니다. 보조금을 받는 부유한 국가의 생산자보다 생산비가 저렴한데도 그렇습니다. 예를 들어 훨씬 더 크고 부유한 미국의 면화 생산자와 경쟁해야 하는 서아프리카 면화 재배자의 경우처럼 말이지요.

이 문제에 대한 해결책은 민간 자선단체가 아닌 정부에서 마련해야 한다는 제안이 합리적일 수 있습니다. 정부를 통해 원조가 이루어지면 면세 한도 이상의 소득을 올리는 사람 모두가 어느 정도 기여하게 되고, 지불 능력이 더 큰 사람들로부터 더 많은 세금을 징수할 수 있습니다. 게이츠와 버핏이 하는 일에 박수를 보내면서도, 수억 명의 운명을 두세 명의 민간인의 결정에 맡기는 시스템에 대해 우려할 수 있습니다. 그러나 미국 정부가 제공하는 해외 개발 원조 금액은 국민소득 100달러당 22센트로, 국민총소득GNI 대비 비율로 보면 포르투갈과 거의 같고 영국의 절반 수준입니다. 더 나쁜 것은 원조의 대부분이 미국의 전략적 이익에 가장 부합하는 곳에 지원된다는 점입니다. 현재 이라크는 미국이 제공하는 개발 원조의 최대 수혜국이며 이집트, 요르단, 파키스탄, 아프가니스탄이 모두 상위 10위 안에 들어 있습니다. 미국의 공식 개발 원조의 4분의 1도 안 되는, GNI 100달러당 1센트에 불과한 금액만이 세계 최빈국에 지원되고 있습니다.

　미국인들은 다른 어느 국가의 국민보다 1인당 국제 자선단체에 기부하는 금액이 많기 때문에, 미국 정부 원조에 민간 자선 활동을 추가하면 이러한 상황은 더 나아집니다. 그러나 민간 기부금을 포함하더라도 노르웨이, 덴마크, 스웨덴, 네덜란드와 같은 국가는 경제 규모에 비해 미국보다 서너 배 많은 해외 원조를 제공하고 있으며, 훨씬 더 높은 비율을 최빈국에 지원하고 있습니다. 적어도 지금과 같은 상황에서, 세계 빈곤 퇴치를 위한 자선 활동을 옹호하는 논거는 정부가 그 문제를 해결해 왔다는 주장에 영향받지 않습니다. 그리고 미국의 공식 원조가 우리의 국내총생산GDP 대비 더 나은 방향으로 이루어지고 가장 관대한 국가들의 원조와 비슷해지더라도, 여전히 민간 자선 활동이 할 역할이 있을 것입니다. 민간 기부자들은 외교적 고려나 유엔에서 표를 얻으려는 욕구의 제약을 받지 않으며 부패하거나 낭비가 심한 정부와의 거래를 더 쉽게 기피할 수 있습니다. 직접 현장으로 들어가서 지역 마을 및 풀뿌리 단체와 협력할 수도 있습니다.

자선가들은 로비스트의 눈치를 볼 필요도 없습니다. 최근 《뉴욕타임스》가 보도한 것처럼, 수십억 달러의 미국 원조는 국내 상품에 한정되어 있습니다. 아프리카에 보내는 밀은 미국에서 재배되어야 하는데, 원조 전문가들은 이것이 아프리카 현지 시장을 침체시켜 현지 농부들이 더 많이 생산할 수 있도록 장려하는 유인책을 감소시킨다고 말합니다. 아프리카와 전 세계에서 에이즈 확산을 막기 위해 사용되는 수억 개의 콘돔이, 아시아에서 생산하는 유사한 제품

보다 두 배나 비싼 비용이 드는 미국에서 제조되어야 한다는 결정은 분명히 생명을 담보로 한 것입니다.

민간 자선가들은 다른 방식으로도 정부가 두려워하는 영역에 자유롭게 진출할 수 있습니다. 워런 버핏은 부인 수전 톰슨 버핏의 이름을 딴 재단을 통해 가족계획 및 임신중절 지지를 비롯한 생식권†을 지원했습니다. 또 다른 이례적인 계획으로, 그는 핵 비확산 약속을 이행하는 국가에 원자로 연료를 공급하기 위한 '연료 은행'을 설립하려는 국제원자력기구IAEA의 계획에 5천만 달러를 기부하기로 약속했습니다. 수년 동안 논의되어 온 이 아이디어는 각국이 무기 생산으로 전용될 수도 있는 자체 핵 연료 생산 시설을 세우는 것을 억제하는 유용한 걸음이라고 널리 동의를 얻고 있습니다. 버핏은 이를 "더 안전한 세계를 위한 투자"라고 말했습니다. 정부가 할 수 있는 일이고 해야 하는 일이지만, 첫 걸음을 내딛는 정부는 없었습니다.

원조에는 항상 비판자들이 있었습니다. 신중하

---

† 출산 관련 사항을 여성이 스스로 결정할 수 있는 권리.

게 계획되고 영리하게 운영되는 민간 자선 활동은, 원조가 효과가 없다는 주장에 대한 최선의 답이 될 수 있습니다. 물론 여느 대규모 인간 사업이 그렇듯이 일부 원조는 비효율적일 수 있습니다. 그러나 원조가 실제로 역효과를 내지 않는다면, 상대적으로 비효율적인 원조라도 부유층의 사치스러운 지출보다는 인류 복지를 증진하는 데 더 많이 기여할 수 있습니다.

◇ ◇ ◇

그렇다면 부자들은 기부해야 합니다. 그런데 얼마나 기부해야 할까요? 게이츠는 300억 달러 가까이 기부했지만, 530억 달러의 재산이 있어 여전히 《포브스》 선정 미국 최고 부자 1위입니다. 시애틀 인근에 있는 6만 6천 평방피트 규모의 호숫가 저택은 1억 달러 이상의 가치가 있는 것으로 알려졌습니다. 재산세는 약 100만 달러입니다. 그의 소유물 중에는 레오나르도 다빈치의 친필 노트 가운데 민간의 수중에 있는 것으로는 유일한 코덱스 레스터_{Codex Leicester}†가 있는데,

1994년에 3080만 달러를 지불했습니다. 게이츠는 할 만큼 했을까요? 당신이 제기할 수 있는 더 중요한 질문은 다음과 같을 것입니다. 그가 정말로 모든 생명은 동등한 가치를 지닌다고 믿는다면, 왜 그렇게 비싼 집에 살면서 다빈치의 코덱스를 소유하고 있는 거지? 더 검소하게 살면서 절약한 돈을 이미 기부한 금액에 보태서 구할 수 있는 생명이 더는 없는 건가?

그러나 기부한 재산의 비율로 판단할 때, 우리는 게이츠가 그의 전 동료이자 마이크로소프트 공동창업자인 폴 앨런Paul Allen을 포함하여 《포브스》 400 목록에 오른 다른 대부분의 사람들과 매우 비교된다는 점을 인식해야 합니다. 1983년 회사를 떠난 앨런은 평생 동안 자선 단체에 8억 달러 이상을 기부했습니다. 이는 대부분의 사람들이 기부할 수 있는 금액보다 훨씬 많은 액수입니다. 하지만 《포브스》는 앨

---

† 코덱스codex는 낱장을 책처럼 묶는다는 뜻이고, 레스터Leicester는 노트의 구매자인 토마크 코크 백작의 백작명인 '레스터'에서 따온 것이다. 다빈치는 1만 3천 여 페이지 정도의 메모를 남겼는데, 코덱스 레스터는 과학(주로 지질학)에 관한 72페이지가 한 권으로 묶인 형태다.

런을 160억 달러의 순자산을 보유한 미국 5대 부호로 선정했습니다. 그는 미식축구팀 시애틀 시호크스와 농구팀 포틀랜드 트레일 블레이저스, 그리고 헬리콥터 두 대와 60피트 길이의 잠수함을 실을 수 있는 413피트 길이의 원양 요트를 소유하고 있습니다. 그는 전체 재산의 약 5퍼센트만을 기부했습니다.

앨런이 기부한 5퍼센트와 게이츠가 기부한 약 35퍼센트 사이에 도덕적으로 적절한 경계선이 있을까요? 자신의 삶에서 모범을 보이면서 게이츠에게 충분히 기부하지 않았다고 말할 수 있는 사람은 거의 없지만, 젤 크라빈스키Zell Kravinsky는 그럴 수 있는 사람입니다. 몇 년 전, 40대 중반이었을 때 크라빈스키는 필라델피아 인근 젠킨타운에 있는 소박한 저택과 가족들의 생활비를 충당할 수 있는 정도의 재산만 남기고 4500만 달러의 부동산 재산 대부분을 질병 관련 자선단체에 기부했습니다. 신장의 기능이 떨어져 이식을 기다리다 매년 수천 명이 사망한다는 사실을 알게 된 그는, 필라델피아의 한 병원에 연락하여 자신의 신장 중 하나를 전혀 모르는 사람에게 기증했습니다.

나는 《뉴요커》에서 크라빈스키에 관한 기사를 읽고, 프린스턴대학교의 내 수업에서 강연을 해 달라고 그를 초청했습니다. 그는 다른 사람들이 자신의 이타주의에 깔린 단순한 논리를 이해하지 못해 괴로워하는 것처럼 보였습니다. 크라빈스키는 수학적 사고력이 뛰어났습니다. 어떤 투자가 수익성이 있을지 판단하는 데 도움이 되는 재능이었지요. 그는 신장을 기증함으로써 사망할 확률이 4천분의 1 정도라고 말합니다. 크라빈스키가 보기에 곧 죽을 수도 있는 사람에게 신장을 기증하지 않는 것은 자신의 생명을 모르는 사람의 생명보다 4천 배 더 가치 있게 평가한다는 것을 의미하며, 그는 이 비율을 "터무니없다"고 봅니다.

크라빈스키가 다른 사람들과 다른 점은, 모든 인간의 생명이 동등한 가치를 가진다는 것을 멋진 수사적 표현이 아닌 삶의 지침으로 삼는다는 것입니다. 그는 자신을 미쳤다고 생각하는 사람들도 있으며, 심지어 그의 아내도 자신이 너무 지나치다고 생각한다는 것을 알고 있습니다. 아내가 신장 기증을 반대한 이유 중 하나는 그들의 자녀 중 한 명이 언젠가 신장이 필요할 수 있고, 그 때는 그가 유일하게 적합한 기증자일지도 모른다는 것이었습니다. 내가 알기로 자녀에 대한 크라빈스키의 사랑은 여느 평범한 부모의 사랑만큼이나 강합니다. 이러한 애착은 우리 본성의 일부이며, 그것은 의심의 여지 없이 생존하기 위해서 특이할 정도로 오랫동안 우리의 도움이 필요한 자녀를 낳는 포유류의 진화적 산물일 것입니다. 그러나 크라빈스키의 견해에 따르면, 그렇다고 해서 우리가 우리 아이의 생명에 모르는 사람의 자녀가 가진 생명보다 수천 배나 더 큰 가치를 부여하는 것이 정당화될 수는 없습니다. 천 명의 어린이가 살 수 있다면 그의 자녀가 죽도록 내버려 두겠느냐는 질문에 크라빈스키는 그렇다고 대답했습니다. 사실 그는 단 두 명의 다른 아이를 살릴 수 있다 해도 자신의 아이가 죽는 것을 감수하겠다고 말했습니다. 그렇지만 그는 아내를 달래기 위해 최근 부동산업에 다시 뛰어들어 돈을 벌고 가족에게 더 큰 집을 사주었습니다. 그러나 그는 여전히 자신의 가정생활을 합리적으로 평온하게 유지하는 것을 전제로, 가능한 한 많은 것을 기부하겠다는 의지를 굽히지 않고 있습니다.

버핏은 자녀에게 "그들이 무엇이든 할 수 있다고 느낄 만큼은 주되, 아무것도 할 수 없을 정도로 많이 주지는 말아야 한다."라고 말합니다. 그의 판단에 따르면 이는 자녀 한 명당 "수십만 달러"를 의미합니다. 절대적인 수치로 보면, 이는 대부분의 미국인이 자녀에게 남겨줄 수 있는 금액보다 훨씬 많은 금액이며, 크라빈스키의 기준에서는 확실히 너무 많은 금액입니다. (크라빈스키는 어려운 부분은 첫 4500만 달러가 아니라 마지막 1만 달러를 기부하는 것이라고 말하는데, 너무 검소하게 살아야 한다면 비즈니스 세계에서 제 역할을 할 수 없기 때문입니다.) 하지만 버핏이 세 자녀에게 각각 백만 달러씩을 남긴다고 하더라도, 그는 여전히 재산의 99.99퍼센트 이상을 기부한 셈일 것입니다. 특히 대부분의 재산을 자녀에게 물려주는 것이 일반적인 사회에서, 누군가가 그렇게 많이 기부할 때에는 수십만 달러를 유산으로 남겨준 것에 대해 뭐라고 하기보다는 칭찬하는 편이 더 낫습니다.

뉴욕대학교의 리엄 머피Liam Murphy와 프린스턴대학교의 내 동료 콰메 앤서니 애피아Kwame Anthony Appiah 같은 철학자들은, 우리의 의무가 세계 빈곤을 구제하는 데 공평한 몫을 감당하는 것으로 제한된다고 주장합니다. 그들은 세계에서 가장 가난한 사람들이 인간다운 삶을 살 수 있는 기회를 보장하는 데 필요한 금액을 계산한 다음, 이 금액을 풍요로운 사람들끼리 나누라고 합니다. 그러면 우리 각자에게 기부할 금액이 주어지고, 그 금액을 기부하면 가난한 사람들에 대한 우리의 의무를 다한 것입니다.

그 공평한 금액은 얼마일까요? 이를 계산하는 한 가지 방법은 2000년 유엔 밀레니엄 정상회의에서 설정한 밀레니엄 개발 목표Millennium Development Goals를 적어도 향후 9년 동안 우리의 목표로 삼는 것입니다. 당시 세계 지도자들이 역사상 가장 큰 규모로 모인 자리에서, 2015년까지 다음과 같은 목표들을 달성하겠다고 공동으로 서약했습니다.

- 극심한 빈곤(하루 미화 1달러의 구매력에 해당하는 돈보다 적은 돈으로 생활하는 것)에 처한 세계 인구의 비율을 절반으로 줄이기
- 굶주림에 시달리는 사람들의 비율을 절반으로 줄이기

- 모든 곳의 어린이가 초등교육을 전부 이수할 수 있도록 하기
- 교육에서 성 불평등을 종식하기
- 5세 미만 아동의 사망률을 3분의 2로 줄이기
- 모성사망률[†]을 4분의 3으로 줄이기
- HIV/AIDS 확산을 중단 및 역전시키고, 말라리아와 기타 주요 질병의 발생률을 중단 및 감소시키기
- 안전한 식수를 지속 가능하게 이용할 수 없는 사람들의 비율을 절반으로 줄이기

작년에 컬럼비아대학교의 경제학자 제프리 삭스Jeffrey Sachs가 이끄는 유엔 특별기구TF는 이러한 목표를 달성하는 데 2006년에는 1210억 달러, 2015년에는 1890억 달러의 연간 비용이 들 것으로 추정했습니다. 기존의 공식적인 개발 원조 서약들을 고려하면, 목표 달성을 위해 매년 추가로 필요한 금액은 2006년에는 480억 달러, 2015년에는 740억 달러에 불과

[†] 모성사망률은 가임기 여성 10만 명당 모성사망자의 수를 의미한다. 여기서 모성사망자는 임신·출산 중 또는 출산 후 42일 이내에 임신 관련 원인으로 사망한 여성이다.

합니다.

　이제 미국의 부유층과 슈퍼리치들의 소득을 살펴보고, 그들이 합리적으로 얼마나 기부할 수 있는지 알아봅시다. 최근 파리 고등사범학교의 경제학자 토마 피케티Thomas Piketty와 캘리포니아 버클리대학교의 경제학자 이매뉴얼 사에즈Emmanuel Saez가 2004년 미국 세금 자료를 기반으로 제공한 통계는 이 작업을 더 용이하게 할 수 있습니다. 이 수치는 자본 소득을 제외한 세전 근로 소득에 대한 것인데, 〔사실〕 부유층에게 실질적인 것은 거의 항상 자본 소득입니다. 간결함을 위해 수치를 대부분 내림했습니다. 또한 이 수치는 '과세 단위tax units', 즉 대부분 개인이 아닌 가족을 기준으로 한다는 점에 유의하기 바랍니다.

　피케티와 사에즈의 통계에서 최상위 계층은 미국 납세자의 0.01퍼센트에 해당합니다. 납세자 가운데 최상위 1만 4400명이 평균 1277만 5천 달러를 벌고 있으며, 그들의 수입을 모두 더하면 1840억 달러에 달합니다. 이 그룹의 최소 연 소득이 500만 달러 이상이기 때문에, 이들은 큰 어려움 없이 연 소득의 3분의 1인 평균 430만 달러씩을 기부할 수 있다고 가정하는 것이 합리적일 것 같습니다. 그 기부액을 모두 더하면 총 610억 달러입니다. 그래도 각자의 연간 수입은 최소 330만 달러가 남습니다.

다음은 나머지 상위 0.1퍼센트입니다. (앞서 설명한 구간을 제외한 나머지 구간으로, 앞으로도 이렇게 설명하겠습니다.) 이 구간에는 12만 9600명이 있으며, 평균 소득은 200만 달러가 조금 넘고 최소 소득은 110만 달러입니다. 이들이 각각 소득의 4분의 1을 기부하면, 약 650억 달러가 모이고, 각자에게는 연간 최소 84만 6천 달러가 남게 됩니다.

상위 0.5퍼센트의 납세자는 57만 5900명으로 평균 소득은 62만 3천 달러, 최소 소득은 40만 7천 달러입니다. 이들이 소득의 5분의 1을 기부한다고 해도 각각 최소 32만 5천 달러를 보유하게 되며, 이들은 총 720억 달러를 기부하게 됩니다.

상위 1퍼센트의 납세자 수준으로 내려가면 평균 소득이 32만 7천 달러, 최소 소득이 27만 6천 달러인 납세자가 71만 9900명입니다. 이들은 소득의 15퍼센트를 기부할 수 있는 여유가 있습니다. 그렇게 하면 350억 달러가 모이고, 그들에게는 각기 최소 23

만 4천 달러가 남습니다.

마지막으로, 나머지 미국 상위 10퍼센트의 소득은 연간 최소 9만 2천 달러, 평균 13만 2천 달러입니다. 이 그룹에는 거의 1300만 명이 있습니다. 이들이 전통적인 십일조, 즉 소득의 10퍼센트인 평균 1만 3200달러씩 낸다면 약 1710억 달러가 모이고, 그들에게는 각기 최소 8만 3천 달러가 남습니다.

내가 제안한 소득 대비 기부의 비율이 과연 가장 공평한 것인지에 대해, 여러분들은 오랜 시간 토론할 수 있을 겁니다. 아마도 차등 기부율을 더 가파르게 조정해서 슈퍼리치는 더 많이 기부하고 생활이 넉넉할 뿐인 사람들은 더 적게 기부해야 할지도 모릅니다. 또 어쩌면 미국 가정의 상위 10퍼센트를 넘어서, 기본적인 생활 필수품 이상을 감당할 수 있는 모든 사람으로 그 영역을 확대할 수도 있습니다. [소득 대비] 1퍼센트의 적은 비율이라고 해도 말입니다. 어찌 됐든 이러한 계산에서 주목할 점은, 누구에게도 큰 어려움을 주지 않을 기부의 규모가 총 4040억 달러에 달한다는 것입니다. 이는 미국 가정의 단 10퍼센트로부터 나온 금액입니다.

당연히 다른 나라의 부자들도 세계 빈곤 퇴치의 부담을 나누어야 합니다. 미국은 모든 경제협력개발기구OECD 국가들의 국내총생산 가운데 36퍼센트를 책임지고 있습니다. 미국은 다른 모든 주요 국가보다 부유하고 다른 어떤 선진국보다 부의 분배가 불균등하기 때문에, 미국의 부자들이 전 세계 기부 총액의 36퍼센트 이상을 기부해야 한다는 것은 틀림없는 사실입니다. 따라서 전 세계 빈곤 퇴치를 위한 전체 원조의 36퍼센트 이상이 미국에서 제공되어야 합니다. 단순화를 위해 미국의 공평한 몫을 50퍼센트로 가정하고, 이를 바탕으로 내가 제안한 제도를 전 세계로 확대하면 연간 8080억 달러가 개발 원조에 제공될 것입니다. 이는 삭스가 의장을 맡은 특별기구가 2006년 밀레니엄 개발 목표를 달성하기 위하여 필요한 금액으로 추정한 것의 여섯 배 이상이며, 기존의 공식 개발 원조 서약의 열여섯 배 이상에 해당하는 금액입니다.

우리가 세계 빈곤을 근절하는 데 공평한 몫 이상을 할 의무가 없다면, 부담은 크지 않을 것입니다. 하지만 그것이 우리가 해야 할 전부일까요? 우리 모두 공평함이 좋다는 데 동의하고, 우리 중 누구도 다른 사람들이 하지 않은 몫을 우리가 떠안는 것을 좋아하지 않기 때문에 공평한 몫이라는 관점은 매력적입니다. 하지만 결국 나는 우리가 그 관점을 거부해야 한다고 생각합니다. 얕은 연못에서 익사할 위기에 처한 아이의 사례로 돌아가 봅시다. 어린아이 한 명이 아니라 50명이 빠졌다고 상상해 봅시다. 우리는 아이들과는 아무런 관계없는 50명의 성인들 사이에 있으며, 연못 주변 잔디밭에서 소풍을 즐기고 있습니다. 우리는 쉽게 연못으로 들어가 아이들을 구할 수 있으며, 무릎까지 오는 진흙탕 물속을 철벅거리며 걷는 것이 차갑고 불쾌하다는 사실이 그렇게 하지 않는 것을 정당화할 수 없습니다. '공평한 몫'을 주장하는 이론가들은 우리가 각자 한 명의 아이를 구하면 모든 아이가 무사할 것이므로, 우리 중 누구도 한 명 이상을 구할 의무가 없다고 말할 것입니다. 하지만 소풍을 나온 사람 중 절반가량이 어떤 아이라도 구하는 것보다 자신이 깨끗하고 마른 상태로 있는 것을 선호한다면 어떨까요? 우리 중 일부가 자신이 이미 공평한 몫을 이행했다는 것을 의식하면서 한 아이만을

"
공평한 몫이라는 관점은
매력적입니다.
하지만 결국 나는 우리가
그 관점을 거부해야 한다고
생각합니다.

구한 뒤에 멈춘다면 절반가량의 아이들이 물에 빠져 죽을 텐데, 이것이 용인될 수 있을까요? 우리는 공평한 몫을 이행하지 않는 사람들에게 정당하게 분노할 수 있지만, 그들에 대한 우리의 분노가 아이들을 죽게 내버려 두는 이유가 될 수는 없습니다. 칭찬과 비난의 측면에서, 아무것도 하지 않는 사람들을 가장 강력한 용어로 비난하는 것은 분명히 옳습니다. 반면에, 공평한 몫을 하고서 멈추는 사람들에게는 그런 비난을 하지 않을지도 모릅니다. 그렇다 하더라도 그들은 아이들을 쉽게 구할 수 있었을 때 아이들이 익사하게 내버려 두었고, 그것은 잘못입니다.

　마찬가지로, 현실 세계에서도 충분한 소득을 가진 사람들이 세계 빈곤 퇴치를 위해 공평한 몫을 하지 않는 것은 심각한 도덕적 실패로 간주해야 합니다. 그러나 다른 사람들이 제 몫을 다하지 않아 추가로 기부해야 절망적인 곤경에 처한 많은 사람들을 도울 수 있는 상황에서, 더 많은 기부를 쉽게 할 수 있는데도 공평한 몫으로 자신의 기부를 제한하는 사람들을 대하는 적절한 대응 방식을 판단하는 것은 쉽지 않습니다. 우리는 우리 자신의 판단에 따라 더 많은 기부를 하지 않는 것을 잘못이라고 믿어야 합니다. 그러나 공평한 몫을 다하고 있지만 그 이상을 하지 않는 사람들을 실제로 비판해야 할지는, 그러한 비판이 그들과 다른 사람들에게 미칠 심리적 영향에 달려있을 뿐입니다. 이는 결국 사회적 관행에 따라 달라질 수 있습니다. 대다수가 거의 또는 전혀 기여하지 않고 있을 경우, 공평한 몫보다 더 높은 기준을 설정하면 너무 요구하는 바가 커서 공평한 기여를 하고자 하는 사람들이 그마저도 하지 못하게 될 수 있습니다. 따라서 공평한 몫 수준의 기여를 달성한 사람들에 대한 비판은 자제하는 것이 가장 바람직할 수 있습니다. 우리 사회의 기준을 발전시키려면, 한 번에 한 단계씩 나아가야 할 수도 있습니다.

나는 30년 이상 우리의 행성에서 엄청난 풍요와 생명을 위협하는 빈곤이 동시에 존재하는 윤리적 문제에 대해 읽고 쓰고 강의해 왔습니다. 하지만 이 글을 준비하면서 미국의 상위 10퍼센트 소득자들이 실제로 얼마나 많은 돈을 버는지 계산해 본 후에야, 나는 전 세계 부자들이 지구의 빈곤을 없애는, 또는 사실상 없애는 것이 얼마나 쉬운 일인지 충분히 이해하게 되었습니다. (실제로 지난 30년 동안 부자들이 훨씬 더 부유해지면서 이 일은 훨씬 더 쉬워졌습니다.) 나는 그 결과가 놀라웠습니다. 나는 수치를 다시 한 번 확인하고 연구 조교에게도 확인해 보라고 했습니다. 그런데 그 수치들은 제대로 된 것이었습니다. 우리의 역량에 비추어 볼 때, 밀레니엄 개발 목표는 충격적일 정도로 미미한 수준입니다. 만약 우리가 목표를 달성하지 못한다면(현재로서는 그럴 가능성이 높습니다) 변명의 여지가 없습니다. 우리가 설정해야 할 목표는 극심한 빈곤에 시달리며 먹을 것이 부족한 사람들의 비율을 절반으로 줄이는 것이 아니라, 아무도, 또는 거의 아무도 그런 열악한 환경에서 살 필요가 없도록 하는 것입니다. 이는 가치 있는 목표이며 우리가 도달할 수 있는 범위 내에 있습니다.

감사의 글

내가 가장 큰 빚을 진 사람은 아내 레나타Renata입니다. 그녀는 내가 우리 수입의 일부를 도움이 필요한 사람들과 함께 나누어야 하는 것인지에 대해 처음으로 이야기를 나눈 사람입니다. 아내의 망설임 없는 지지가 없었다면 옥스팜에 기부를 시작하지 못했을 것이고, 기부를 시작하지 못했다면 〈기근, 풍요, 도덕〉을 쓸 수 없었을 것입니다. 로널드 드워킨Ronald Dworkin이 철학을 사회적 관심사에 적용하는 새로운 저널에 논문을 제출해 보라고 권유하지 않았다면, 이 문제에 대한 내 생각을 쓰지 못했을지도 모릅니다. 따라서《철학과 공공 문제》의 창간에 참여한 모든 사람은 이 책의 제목으로 삼은 이 논문에 일정 부분 공헌이 있습니다.

이 논문을 책으로 출간할 것을 제안한 옥스퍼드

대학교 출판부의 피터 올린Peter Ohlin, 제작 과정에 참여한 에밀리 새커린Emily Sacharin과 그웬 콜빈Gwen Colvin에게 감사를 표합니다. 서문을 써준 빌 게이츠와 멀린다 게이츠에게도 감사를 표합니다.

마지막으로, 효율적 이타주의를 삶의 중요한 부분으로 삼은 많은 이들에게 감사의 마음을 전합니다. 〈기근, 풍요, 도덕〉을 읽었든 읽지 않았든 여러분들은 이 책의 중심 주장에 새로운 의미를 부여해 주었습니다. 효율적 이타주의를 단순한 철학적 문제가 아니라, 우리가 어떻게 살아야 하는지 안내하는 지침으로 다루는 것이 가능하다는 것을 여러분들이 보여주었습니다.

역자 후기

"왜 그리고 어떻게 도울 것인가"

저는 피터 싱어와 스자오후이의 《피터 싱어, 불교와 만나다》(출간 예정, 원제는 《불교도와 윤리학자 The Buddhist and the Ethicist》)를 번역할 기회가 있었습니다. 대만의 사회참여적 비구니로 잘 알려진 스자오후이는 피터 싱어를 "고대 불교의 대승경전에서 튀어나와 이 세상에 우아하게 내려온 보살"이라고 칭합니다. 공리주의는 결과를 중시하고 도덕적 판단이 상황에 따라 달라질 수 있으므로, 사람들은 공리주의에 부정적인 인상을 가지기도 합니다. 저 역시 그랬습니다. 하지만 저는 그 책을 번역하는 과정에서, 피터 싱어의 다른 저작들을 꼼꼼하게 읽어 보았습니다. 저는 공리주의를 "공공의 이익을 위해서라면 기꺼이 자신의 몫도 희생할 것을 감수하는 이타주의"로 명확하게 인식하게 됨으로써, 공리주의에 대한 편협한 인식을 바꾸게 되었습니다.

저는 피터 싱어의 이타주의를 손쉽게 이해할 수 있으며 세계적으로 가장 많이 인용되는 〈기근, 풍요, 도덕〉(1972년)이 한국어로 번역되지 않았다는 것을 발견했습니다. 물론 피터 싱어의 《실천윤리학》, 《물에 빠진 아이 구하기》와 《효율적 이타주의》 등이 한국에 소개되어 있지만, 그러한 책들에 담긴 아이디어의 출처는 〈기근, 풍요, 도덕〉에 있습니다. 밀레니엄을 맞아 피터 싱어의 기념비적인 이 논문이 그의 다른 글 두 편과 함께 묶여 책으로 출간되었습니다. 저는 〈기근, 풍요, 도덕〉에 상당한 감화를 받았지만, 일부분에 대해서는 의구심을 거두지 못했습니다. 그러나 추가된 두 편의 글을 통해 의구심을 해소할 수 있었습니다. 이는 세계 빈곤을 해소해야 하는 현실적 문제를 마주한 피터 싱어가 독자들을 설득하기 위해 그의 핵심적 논리구조는 유지하면서도 보다 현실적이고 합리적인 방식으로 일종의 '태도 변경'을 시도했기 때문입니다.

피터 싱어는 〈기근, 풍요, 도덕〉에서 얕은 연못에 빠져 죽을 위험에 처한 아이를 보게 될 때 우리가 어떻게 할지를 묻고 있습니다. 우리들이 이러한 상황에 처한다면 대부분의 사람은 그 아이를 구할 것입니다. 일반적으로 우리는 다른 사람을 고통에 처하게 하는 것은 나쁜 일이고 다른 사람이 고통에서 벗어나게 도움을 주는 것은 좋은 일이라고 받아들입니다. 동양 고전 《맹자孟子》에서도 '사람'이라면 우물에 빠지려고 하는 어린아이를 구할 것이라고 말합니다. 즉 다른 사람에게 나쁜 일이 발생한다면 우리는 그러한 나쁜 일을 막을 의무가 있다는 것입니다.

만약 나와 친한 사람이 발 한쪽을 다쳤고 나와 생면부지인 사람 역시 발 한쪽을 다쳤다면, 물론 우리는 그 둘에게 도움을 주어야 할 것입니다. 아마 이 점은 누구나 동의할 것입니다. 그러나 문제는 우리가 가진 자원은 한정되어 있고 이 세상에는 도움이 필요한 사람이 많다는 점입니다. 따라서 우리에게는 선택과 집중이 필요합니다. 이때 많은 사람은 자신과 가까운 대상에게 우선하여 도덕적 의무를 행사하고자 하며, 이는 진화심리학적 설명을 덧붙이지 않더라도 가족주의적 경향이 강한 유교 문화권에서는 당연한 것으로 받아들여집니다. 단적으로 공자는 "백성들에게 널리 베풀고 많은 사람을 구제하는 것"을 요임금과 순임금도 능히 감당하지 못한 성인의 일이라고 말하면서 우리는 가까운 곳에서부터 인仁을 실천해야 한다고 주장합니다. 맹자 역시 여러 나라의 왕에게 동정심을 확충擴充하라고 권하지만, 애초부터 도덕적 의무를 실천할 대상의 선후와 경중을 획정한 이상 맹자의 권유는 일정 부분 한계를 갖고 있습니다.

하지만 피터 싱어에 따르면, 도덕적 행위의 대상이 나와 가까운지는 내가 타자에게 갖는 도덕적 의무와 본질적으로 상관이 없습니다. 우리의 행위로 최대의 효용을 가져올 수 있는 사람에 대해 선행을 베풀어야 합니다. 즉 적은 비용을 투자해서 많은 효용을 가져오는 방안을 선택하여 선행을 실천해야 합니다. 만약 생사가 오가는 환자가 있다면, 생명에는 지장이 없는 의사의 가족이 응급실에 먼저 대기하였더라도, 그 의사는 가장 시급한 환자에게 의료 서비스를 제공해야 합니다. 이러한 논리에 따르면, 부유한 나라에 사는 사람들은 어려움에 처해 있는 생면부지의 최빈국 사람들을 구할 도덕적인 의무를 가지고 있습니다.

하지만 많은 국가가 해당 국가의 전략적 이익에 부합되는 곳에 공적개발원조ODA를 우선적으로 투여하고 있습니다. 한국의 사례만 살펴보겠습니다. 우리나라의 공적개발원조 가운데 최빈국에 투여하는 자금(2023년 기준)은 전체 중 33퍼센트에 머무르고 있습니다. 베트남, 인도네시아, 필리핀, 몽골, 엘살바도르는 최빈국은 아니지만 개발원조 수혜국 상위 10위 안에 들어 있습니다. 한편 국세청이 제공한 2022년 자료에 따르면, 한국 공익법인들이 모금한 기부금 중 해외에 실제로 지출된 비율은 고작 8.72퍼센트에 불과했습니다. 나머지 금액은 세계 12위 경제 대국인 우리나라의 교육, 의료, 장학 사업 등에 투입되었습니다.

피터 싱어의 효율적 이타주의의 관점에서 볼 때, 부유한 국가에 사는 시민에 대한 기부 및 원조는 가격 대비 효용이 떨어질 뿐입니다. 그는《효율적 이타주의자》에서 "부유한 나라의 빈민을 돕는 것보다 가난한 나라의 빈민을 위해 기부하는 것이 기부한 1달러당 훨씬 더 많은 선한 일을 할 수 있다. (…) 가난한 미국인 한 명의 삶에 지속적이고 긍정적인 변화를 만드는 데 드는 비용은 국제적 수준의 빈민 한 명의 삶에 그러한 변화를 만드는 비용보다 훨씬 높다."라고 말합니다. 같은 1달러를 후원하더라도, 선진국의 빈민에게 기부한다면 그것은 한 끼 식사비도 되지 않지만, 아프리카의 빈민에게 기부한다면 수일의 식사비가 될 수도 있습니다. 적은 돈으로 최대의 효용을 추구하는 것이 효율적 이타주의라고 할 때, 부유한 국가에 살아서 여력이 있는 사람들이 최빈국의 생사가 오가는 사람들을 우선적으로 구해야 하는 것은 너무나도 합리적입니다. 고난에 빠진 사람들을 도울 힘이 있는데도 기부하지 않는 것은 물론이거니와, 가까이 있다는 이유만으로 부유한 자국의 이웃들에게 기부금을 투여하는 문화를 근본적으로 바꾸지 않는다면, 우리는 지구촌이 직면한 이 엄중한 문제를 해결할 수 없을 것입니다.

제가 초등학교 교사였을 때, 도덕 시간은 가장 힘든

시간이었습니다. 정작 교사인 저부터 남을 돕지 않으면서, 학생들에게 이타주의를 가르치고 남을 돕도록 권하는 것이 부끄러웠기 때문입니다. 이제는 동양 윤리'학'을 가르치는 교수가 되어 철학적 담론을 설명하는 데 그치니 마음이 조금은 편해졌습니다. 하지만 이론과 실천이 분리된 채, 말로만 하는 윤리가 과연 어떤 의미가 있을까 하는 고민이 들기도 했습니다. 그러다 이 책을 읽고 나서, 제 마음이 크게 흔들렸습니다. 특히, 대학교에서 철학—여기에는 윤리학과 윤리교육학도 포함될 것입니다—을 전공하는 교수와 학생들이 먼저 삶의 방식을 바꾸어야 한다는 피터 싱어의 언명은 마치 저를 겨냥한 말처럼 깊이 다가왔습니다. 이 책이 여러분의 마음에 깊은 울림을 주어, 삶에 변화를 일으키는 계기가 되길 바랍니다.

기근, 풍요, 도덕

초판 1쇄 발행 | 2024년 12월 2일

지은이 | 피터 싱어
옮긴이 | 정환희
펴낸이 | 이은성
편   집 | 구윤희·김승현
디자인 | 다든
펴낸곳 | 필로소픽
주   소 | 서울시 종로구 창덕궁길 29-38, 4-5층
전   화 | (02) 883-9774
팩   스 | (02) 883-3496
이메일 | philosophik@naver.com
등록번호 | 제2021-000133호

ISBN 979-11-5783-360-3 93190

필로소픽은 푸른커뮤니케이션의 출판 브랜드입니다.